"Los Desafíos
De Los llamados".

Dr. Holly L. Noe

Los desafíos
de los llamados
Derechos de autor @ 2021 Holly L. Noe
Reservados todos los derechos

Todas las citas de las Escrituras son de la versión King James de la Biblia,
(Copyright @ 1977, 1984, Thomas Nelson Inc., Editores
*Para la traducción en español algunas citas son de la Versión Reina Valera 1960

Concepto de portada: **Dra. Holly L. Noe / Sadie Hernández**
Diseño - **Sofía Baus**

Traducción al Español y edición – **Sadie Hernández,**
Directora de la Revista Interdenominacional "Súbete al Arca"
Fundadora de *Living Word Publishing House*

HONOR A QUIEN HONOR MERECE

Tengo el privilegio de honrar a mi pastor, **el Rev. Francisco Joissim,** quien me anima constantemente y me ha apoyado guiándome, alentándome y creyendo en mi ministerio, especialmente en el ministerio en Guatemala.

El Rev. Francisco Joissim tiene un corazón tremendo para Dios y su obra; es verdaderamente un hombre íntegro, ungido y un gran comunicador. Tiene el don de predicar, enseñar y ejecutar todos los aspectos del liderazgo pastoral, y tiene la sabiduría para llegar a toda la congregación, incluso a los niños. Me encanta ver cómo interactúa con los pequeños cuando extienden los brazos para abrazar a su pastor.

Lo he visto pasar por pruebas y dificultades manteniendo la cabeza en alto y avanzando para continuar la carrera y soportar las dificultades como un buen soldado de la cruz. Exuda el amor de Dios, es generoso y siempre bondadoso y tierno.

Dra. Holly L. Noe

DEDICADO A:
Pastores Barillas - Monroy
Iglesia Cristo Te Ama, AG
Petapa, Villa Hermoso, Guatemala

Estoy emocionada de dedicar este libro a los pastores Héctor y Betsey, con quienes me estoy asociando para construir un "Centro de Avivamiento" en Guatemala.

He tenido el privilegio de trabajar con ellos y colaborar con su visión. Son verdadero ejemplo de todo lo que he escrito en "Los Desafíos De Los Llamados".

Hemos compartido desafíos, pruebas y reveses, pero Dios ha bendecido nuestra asociación en el ministerio, y nos ha ungido para poder superar los obstáculos. Tanto el pastor Héctor como Betsey tienen ministerios ungidos, poderosos, y están hambrientos de avivamiento.

Tengo el privilegio de trabajar junto a ellos, y agradezco a Dios por unirnos para el cumplimiento de una poderosa visión, para tener un impacto en estos Últimos Días. Ambos son siervos de Dios amorosos y amados por su iglesia, y por todas las iglesias que supervisa el pastor Héctor.

Estoy agradecida de haber sido llamada a trabajar con ellos, para la gloria y la honra de Dios.

Dra. Holly L Noe

CARTA A LOS MINISTROS

Incluso cuando las cosas no salen según lo planeado, la Biblia insiste en que debemos continuar construyendo un ministerio que exalta a Cristo. Eso es parte de "Los desafíos de los llamados". Los golpes de la vida, las oposiciones ministeriales no son decisivas como nos recuerdan muchas de sus historias. La Paz de Cristo para sus elegidos ministeriales es una paz que se superpone, y nos recuerda que todo irá bien a pesar de las circunstancias.

Las diferentes etapas por las que atraviesa un ministro, hacen posible que no sólo las circunstancias se alineen a nuestro favor, sino también las personas adecuadas. El ministerio es una serie de etapas que nos llevan a diferentes destinos y posiciones. De hecho, ningún enemigo surgiría en el ministerio, si algo glorioso no saliera de él.

En muchos casos, las cosas no mejoran antes de que puedan resolverse en el camino ministerial. Hay personas que vendrán en nuestra ayuda, pero no aportarán mucho, más bien estarán reduciendo fuerzas, haciendo retroceder, sembrando malas hierbas, que son los trucos más profundos de un enemigo feroz, que intenta arruinar y desfigurar la tarea original de un trabajador aprobado por Dios.

Hay cuatro tareas muy importantes en las que un trabajador debe enfocarse, como se trata en este libro: 1. Mantenerse aprobado por Dios, incluso si eso significa que las cosas no van bien, y asegurarse de que no caiga en las trampas del enemigo. 2. Insistiendo en el desarrollo de un ministerio poderoso, ya que Dios continúa sentado en el trono. 3. Continuar proclamando a Cristo, porque esto es lo último que espera nuestro enemigo. Recuerde, ministro, que Dios no lo ha traído tan lejos para dejarlo ahora. 4. En ser ministro de Su Presencia. La garantía de la presencia de Dios representa un nuevo comienzo en su capacitación y renovación ministerial. Recuerde que ninguna cizaña tendrá el poder de detenerte.

Héctor Barillas, Pastor

COMENTARIOS
A ESTE LIBRO
(RECOMENDACIONES)

EL DESAFÍO DE LOS LLAMADOS... Una vez más, la Dra. Holly Noe se convierte en una transcriptora de cosas reservadas en los cielos, que esperan ser reveladas en su momento y temporada adecuados. **"El Desafío de los llamados"** aparece como una efusiva fuente que viene para refrescar el alma reseca y cansada de los creyentes, y para proporcionar guía para aquellos que saben que son llamados, y se toman en serio la búsqueda de ese llamado de Dios en sus vidas.

Siga a la Dra. Holly Noe mientras describe cuidadosamente los pasos para superar los desafíos y evitar las trampas asociadas con el llamado de Dios: - Posicionado para el propósito divino; - Desarrollo de carácter; - La palabra de Dios y la oración en la vida del ministro; - El favor de Dios; - Cuidado con los enemigos, trampa y trampolín para un poderoso ministerio, son algunos de los temas que la Dr. Holly Noe explora y enfoca, para ayudarnos a enfrentar el desafío del llamado.

Recuerdo una visión que tuvo un amigo muy cercano nuestro, hace unos años: dijo que en su visión vio a Dios hablando desde el cielo; mientras tanto, en la tierra, había multitudes con radios transistores que intentaban sintonizar la frecuencia del cielo. Contó que en la visión podía saber quiénes eran los que estaban sintonizados, por la forma en que sus cuerpos reaccionaban a la voz... Estaban escuchando.

Este libro es una reacción a la voz de Dios que se escucha claramente en esta temporada, por la Dra. Holly Noe. Le dará al lector la munición para prosperar en el cumplimiento del llamado de Dios, y la victoria para terminar con éxito su tarea.

**Pastor Glenn J. Wilson, Senior
Pastor of Restoration Family Worship Center**

COMENTARIOS A ESTE LIBRO (RECOMENDACIONES)

Conozco a la Dra. Holly L. Noe desde hace más de 30 años. He observado con atención su trabajo como misionera, predicadora, y como alguien que tiene un testimonio milagroso. No es fácil hacer un breve resumen sobre esta destacada sierva de Dios. Me gustaría decir que ha muerto a sí misma, para enseñar a los ministros que la única forma en que una persona puede encender la llama del avivamiento es precisamente muriendo a sí misma.

En sus más de 50 años de ministerio, ella ha demostrado fidelidad a Dios. Entre las obras que ha realizado se encuentran: misiones, iglesias y una escuela primaria. También es una excelente mentora. Estas páginas de "Los Desafíos De Los Llamados" reflejan su alta preparación académica, que no oscurece su inmensa sensibilidad y la presencia permanente del Espíritu Santo en su vida ministerial y personal.

Habiéndola observado de cerca, creo firmemente que Dios la ha respaldado, y preservado su vida para un tiempo como éste; para que podamos ver que Dios es fiel con aquellos que renuncian al "yo" y se entregan a Su Llamado.

Es en momentos como estos, cuando necesitamos ministros con la convicción de la Dra. Holly L. Noe. Necesitamos en estos tiempos aprender y edificarnos leyendo y aplicando, "Los desafíos de los llamados".

Rev. Manuel Alvarez
Superintendente del Distrito Hispano del Este
de las Asambleas de Dios.

COMENTARIOS A ESTE LIBRO
(RECOMENDACIONES)

Tengo el honor de conocer a la Rev. Dra. Holly Noe desde hace varios años; he tenido el privilegio de acompañarla en varios viajes misioneros a Guatemala, y he visto que la unción del Espíritu Santo está en su vida y ministerio.

Si hay alguien que entiende los desafíos de los llamados es la hermana Holly. Ella respondió al Llamado de Dios en su vida hace más de cincuenta años. A pesar de los muchos desafíos que ha enfrentado, se ha mantenido comprometida, enfocada y obediente a las instrucciones de Dios. La Revda. Dr. Noe tiene un corazón humilde; es amable, compasiva, resistente, ama a la gente y lleva una unción especial en su vida.

Los Desafíos De Los Llamados", es una joya que vale la pena leer y estudiar. Este libro es como una composición musical armoniosa con una cadencia perfecta en cada capítulo. Este libro está ungido, y creo que el Espíritu Santo ministrará en su vida a medida que lea cada página. Las herramientas y la riqueza de la sabiduría que se presentan aquí son invaluables y, si se ponen en práctica, contribuirán a un ministerio fructífero.

Que el Espíritu Santo fortalezca, restaure, anime y encienda la pasión por el Llamado en su vida mientras lee este libro. Un día estaremos ante el Señor y daremos cuenta de lo que Él nos confió. Ojalá que escuchemos de Él: "¡Bien hecho, buen siervo y fiel!". Gracias, Revda. Dr. Noe, por permitir que el Espíritu Santo lo use una vez más, para escribir este libro ungido "Los Desafíos De Los Llamados".

Joada Joissim
Pastora Asociada - Iglesia Misión Cristiana Juan 3:16
Asambleas de Dios - Passaic, New Jersey.

COMENTARIOS A ESTE LIBRO
(RECOMENDACIONES)

Quiero recomendar el último libro de la Dra. Holly Noe, "El Desafío De Los Llamados". La Dra. Holly Noe está verdaderamente ungida en su trabajo misionero internacional. Como con cualquier ministerio, especialmente uno que es internacional, existe la necesidad de un verdadero liderazgo. La iglesia de hoy necesita este libro, no sólo para su estudio personal, sino como guía para nuestros estudiantes que algún día se convertirán en líderes ministeriales.

Dr. Paul J. Forti
Canciller de Grace Christian College
Y Seminario Teológico Loris, SC 29569

PARA QUIEN DESEE REENCONTRARSE...

A medida que lo iba leyendo, no podía reprimir mis lágrimas. Mi corazón se conmovía, porque el testimonio de la Dra. Holly Noe ha tenido el poder de confrontar la autenticidad de mi Fe.

Pero también, avanzando en la lectura de cada Capítulo, me iba haciendo evaluar mis contradicciones, entre el hecho de aceptar si ciertamente Jesucristo es el centro de mi vida, y mi conducta "cristiana" cotidiana, basada en mi propia voluntad.

Creo que es uno de los mejores libros con lo que me he topado, porque, a partir de sus propias experiencias ministeriales, la Dra. Holly Noe apunta directamente a lo más profundo de la conciencia humana, donde es posible medir si efectivamente uno está haciendo la voluntad de quien nos creó. Y al confrontarnos, todos resultaremos... ¡edificados!

Sadie Hernández
Director de la Revista "Súbete al Arca"
Fundadora de Living Word Publishing House

COMENTARIOS A ESTE LIBRO
(RECOMENDACIONES)

En las páginas de este libro "Los Desafíos De Los Llamados", sentirá la pasión de la Dra. Holly L. Noe no sólo por el Llamado y el ministerio, sino también por la Presencia de Dios.

Después de un fin de semana de reuniones en mi iglesia en Guatemala, Dios usó a la Dra. Noe para cambiar la forma en que teníamos la iglesia por su amor por la Presencia de Dios, y la forma en que Él manifestó Su poder a través de ella. La iglesia comenzó a crecer y expandirse de unos pocos cientos, a más de 1500 en la noche de nuestra inauguración. Ella ha invertido sacrificadamente ayudándonos a construir el Centro de Avivamiento, ya que Dios la ha agobiado para enseñar, predicar, realizar cruzadas y adoptar a nuestra familia como parte del trabajo de su misión.

La Dra. Noe nos dio una Palabra de Dios... "el Señor no sólo cumplirá sus sueños para el Proyecto, sino que esos sueños serán superados más allá de sus mayores expectativas". Camina con Dios, es imparable y no descansará hasta que el Centro de avivamiento esté terminado.

Pastores Barillas-Monroy
Cristo ama Su Iglesia
Petapa, Villa Hermosa, Guatemala
Presbiterio, Asambleas de Dios, Guatemala

PRÓLOGO

Soy el Rev. Francisco Joissim y tengo el privilegio de conocer a la Reverenda Dra. Holly Noe por aproximadamente 30 años, desde que éramos miembros en la misma congregación en la ciudad de Newark, New Jersey. Si fuera a hablar de la vida y el ministerio de la Rev. Dr. Holly Noe, no alcanzaría el tiempo ni este espacio; necesitaría prácticamente escribir otro libro. En lo personal y como pastor, diré que he sido muy bendecido por el ministerio de la Rev. Dra. Noe. También, cuando fui Presbítero en la Sección Norte de New Jersey de las Asambleas de Dios, la Rev. Dra. Noe fue de mucho apoyo y bendición.

Su vida ha sido marcada por la Presencia de Dios y por la manifestación del Espíritu Santo. Soy testigo de cómo el Espíritu Santo ha descendido como fuego soplando la llama del avivamiento en su Ministerio, para bendecir e impactar esta generación. En varias ocasiones he tenido el privilegio de compartir púlpitos con la hermana Holly. Escuchar y ver la manera milagrosa en que Dios le ha enseñado el idioma Español, es un testimonio del poder de Dios y de lo que Él puede hacer en alguien que renuncia a sí misma para aceptar Su llamado. Sin embargo, puedo decir también, sin temor a equivocarme, que a través de su trayectoria ministerial, la Rev. Dra. Noe ha enfrentado grandes desafíos, pero Dios le ha dado siempre la victoria.

Imagino esa primera experiencia de tener que ministrar en otro idioma confiando en el respaldo y la gracia de Dios, sin tener noción de lo que Dios tenía preparado más adelante. El Señor la estaba instruyendo para llevarla a ministrar a países cuyo idioma principal es el Español. Dios, en Sus planes, llevó a la hermana Holly al hermoso país de Guatemala, para bendecir vidas de manera especial a través de su labor misionera, y allí ha permanecido por más de 25 años. Es ganadora de almas, y Dios la ha usado para ayudar a los más necesitados: distribuyendo alimentos, edificando

Iglesias, escuela y ayudando en el sostenimiento de viudas. Han sido más de 50 años de ministerio en el que ha habido muchos momentos muy gloriosos, momentos de alegrías, y también ha habido desafíos; pero la hermana Holly, siempre se ha mantenido confiando y entendiendo que cuando el llamado viene de Dios, con los desafíos también vienen las victorias.

Precisamente, este libro "Los Desafíos De Los Llamados" plasma vívidamente lo que es el llamado de Dios y los desafíos que conlleva. A medida que iba leyendo cada capítulo, mi corazón se estremecía, y al final expresé con voz fuerte: ¡ALELUYA!... Luego les comenté a mis hijos Joada y Francis, que **la publicación de este libro deberá ser celebrada, así como se celebra el nacimiento de un príncipe o una princesa.**

Les invito a leerlo, ya que puede ser un recurso invaluable para cursos bíblicos y para su biblioteca personal. Le motivo, amado lector, que usted comparta con otros lo que aprenderá al leerlo. Lo hago, de la misma manera que el apóstol Pablo pidió a la iglesia de Colosas, en Colosenses 4:16 *"Cuando esta carta haya sido leída entre vosotros, haced que también se lea en la iglesia de los laodicenses, y que la de Laodicea la leáis también vosotros."*

Si lo compartimos con otros sobre lo que hemos leído, estaremos aportando ideas para que nos ayuden a desarrollar ministerios con bases sólidas, y así animar a los ministros, y a personas con llamado de Dios, a entender que los desafíos son parte del llamado, como lo vemos escrito como ejemplo en la Palabra de Dios. La Biblia dice en Hebreos 5:4 ***"Y nadie toma para sí esta honra, sino el que es llamado por Dios, como lo fue Aarón."***

En el libro "Los Desafíos De Los Llamados", la Rev. Dra. Holly Noe nos presenta herramientas útiles para ser exitosos en el ministerio. Felicito a la autora, Rev. Dra. Holly Noe por esta tan linda e impactante obra literaria. Estoy seguro que será de gran bendición a cada lector.

Estimados lectores: este libro que tienen en sus manos, es un gran Tesoro, no sólo por el contenido intelectual, sino, muy especialmente, por el alto grado de espiritualidad. Estoy seguro que será de gran bendición para sus vidas, así como lo ha sido para la mía. Les invito a que oremos siempre por la Rev. Dra. Holly Noe:

"Que Jehová te bendiga y te guarde; Jehová haga resplandecer su rostro sobre ti y tenga de ti misericordia; Jehová alce sobre ti su rostro y ponga en ti paz" (Números 6:24-26).

Rev. Francisco Joissim
Pastor de la iglesia Misión Cristiana Juan 3:16
de las Asambleas de Dios en la ciudad de Passaic,
New Jersey.

RECONOCIMIENTOS:

L e doy gracias a Dios por guiarme, inspirarme y ungirme para escribir. Sin Él no puedo hacer nada. Sentí Su Presencia mientras escribía cada página, y es mi deseo que cada lector también lo sienta.

Bendigo y agradezco a mi socia y mejor amiga Lois por editar la versión en Inglés, y dedicar largas horas a corregir y ayudarme a ordenar mis pensamientos. Gracias por todo su aliento y confianza.

Agradezco a mi Superintendente de Distrito, el Reverendo Manny Álvarez por creer en mí, y por su amor y apoyo.

Gracias a mi "Publisher" Steve Paorter por su confianza, aliento e innumerables conversaciones para guiarme a lo largo del viaje. Gracias por animarme a escribir; me ha impulsado hacia adelante.

Reconocimiento especial a Sadie Hernández, Directora, Revista "Súbete al Arca", y Fundadora de "Living Word Publishing House". Ha ido mucho más allá de mis expectativas en la traducción al español y la edición, y la portada. También fue un gran estímulo durante el proceso. Gracias por su trabajo que estuvo más allá del llamado del deber.

CONTENIDO

"Pero ninguna de estas cosas me conmueve, ni tengo la vida estimada para mí mismo, para poder terminar mi carrera con gozo, y el ministerio que he recibido del Señor Jesús, para dar testimonio del evangelio de la gracia de Dios"

(Hechos 20:24)

PARTE I
EL LLAMADO DE DIOS

CAPÍTULO 1

POSICIONADO PARA UN PROPÓSITO DIVINO

"Porque yo sé los pensamientos que tengo acerca de vosotros, dice Jehová, pensamientos de paz, y no de mal, para daros el fin que esperáis".
(Jeremías 29:11)

Dios tiene un propósito para su vida. Después de que Dios le salva, le infunde un potencial increíble, que usted debe liberar. Dios no está buscando a alguien que sea lo suficientemente bueno; está buscando a alguien que esté dispuesto. Dios tiene para usted planes más grandes de lo que pueda imaginar. La Palabra de Dios le dice lo que Él piensa de usted. Dios conoce sus fortalezas y debilidades, y le llamó a pesar de todo. Dios busca su disponibilidad. Una persona totalmente sometida a Dios tiene un potencial y posibilidades ilimitados. Cuando estamos posicionados para un propósito, Dios no necesita su habilidad; el destino estuvo escrito en toda su vida, incluso antes de que naciera.

En este libro, consideraremos "Los Desafíos de los llamados". Es mi deseo animarle a ver cómo Dios toma sus incapacidades y debilidades, y las convierte en material que lo equipa a usted, para hacer hazañas en el reino de Dios. Usted no es un experto, pero el que le está moldeando y preparando, sí lo es. Si se siente olvidado, incapaz, frustrado o indigno en su jornada ministerial, es mi propósito que aquí encuentre una guía de cómo vivir su propósito, persiguiendo la Presencia de Dios y recibiendo la unción que la llevará más allá de sus debilidades y limitaciones.

"Su poder se perfecciona en nuestras debilidades". Recuerde que de las situaciones más duras, más difíciles, surge el más grande testimonio. La prueba más dura que deba pasar, también producirá en usted una unción poderosa. (Más adelante compartiré sobre ésto, con más profundidad). En la prueba es cuando aprendemos que el genuino y verdadero ministerio, es exactamente lo opuesto al desempeño en él; sin embargo, lamentablemente, eso no se transparenta en nuestros púlpitos.

No hay sustituto para la unción del Espíritu Santo. El Espíritu Santo es la vida en el predicador y el poder en el mensaje que predica. La falta de unción en su vida, hará que dependa de trucos, para mantener su ministerio en marcha.

Que su meta sea buscar la presencia manifiesta de Dios, para que Él sea la fuerza impulsora de su Ministerio. "En Su presencia lo tenemos todo."

Dios nos posiciona para Su propósito, por tanto, debemos seguir el diseño arquitectónico que Él ha creado para nuestras vidas. Los planes de Dios para usted son más grandes de lo que pueda imaginar; por tanto, no se conforme con la mediocridad, cuando Dios apunta a la excelencia.

Veamos a Moisés, y cómo se consideraba a sí mismo no calificado. Moisés no podía imaginar que Dios lo llamaría para hacer el trabajo que el mismo Dios le estaba asignando. No captaba que Su llamado lo estaba habilitando; por tanto, le presentó a Dios los argumentos por los cuales él no era la persona adecuada. Quizás Moisés no tenía idea de la manera en que Dios lo usaría.

El tiempo estaba en su contra, ya que ahora Moisés tenía ochenta años. Además, su fracaso pasado lo incriminaba; y, ¿cómo podía esperar que otros lo siguieran cuando no tenía credenciales de liderazgo? Incluso sus nuevas relaciones le impedían pensar en hacer cualquier cambio en su vida: ahora era esposo y padre, y vivía feliz y pacíficamente en la casa de su suegro, Jetro. Leamos en Éxodo 3:2, cómo Dios se hace presente en la vida de Moisés: *"Y se le apareció el Ángel de Jehová en una llama de fuego en medio de una zarza; y él miró, y vio que la zarza ardía en fuego, y la zarza no se consumía"*

Dios le asegura a Moisés su llamado, hablándole de una manera inconfundible a través de la zarza ardiente... ¡una oportunidad increíble! Sin embargo, Moisés presenta varias excusas, de por qué no era la persona adecuada para el trabajo. Veamos:

Excusa # 1: Éxodo 3:11, "¿Quién soy yo?"

Excusa # 2 **No tengo la habilidad de hablar.** Éxodo 3:13, **"¿Qué les diré?"**

Excusa # 3: **"No me han entrenado para esto".** Éxodo 4: 1 **"¿Supongamos que no me creen ni escuchan mi voz?"**

Excusa # 4: **tartamudeo y ni siquiera puedo hablar coherentemente.** Éxodo 3: **"...Soy tardo de habla y lento de lengua".**

Excusa # 5 Para terminar con to**do, Señor, no soy la persona que necesitas.** Éxodo 4:13, **"Pero él dijo:" Oh mi Señor, por favor envía por la mano de quienquiera que puedas enviar".**

Dios no comete errores con Su llamado a nuestras vidas; pero así como Moisés, permitimos que el enemigo magnifique nuestras debilidades e incapacidades. Repito, Dios no comete errores cuando nos llama. Dios vio en Moisés un instrumento que había sido preparado, específicamente, para la misión a la que Dios lo estaba llamando. Dios no estaba buscando la credibilidad de Moisés, ni la lista de logros anteriores; lo estaba buscando para que dijera simplemente: "Sí, Señor, aquí estoy, úsame". El elegir vivir en total obediencia a Dios, liberará Su plan completo, y lo habilitará para cumplir el propósito de Dios para su vida. Su llamado le capacitará siempre. Su fuerza se perfecciona en nuestra debilidad. Recuerde que si Dios ha puesto Su mano sobre su vida, no lo ha preparado para fallar, lo ha posicionado para darle una asignación Divina que sólo usted puede completar. El plan de Dios es prosperarlo, y que tenga éxito, pero sólo si acepta obediente y sumisamente Su llamado. Él no le ha puesto en una posición para fracasar, sino para que tenga éxito y se cumpla así Su voluntad. Simplemente deje que Dios escriba el guión para su vida, y se sorprenderá con el resultado.

Dios le ha dado un cierto conjunto de dones;
no desee ser otra persona.
El diseño arquitectónico de
Dios para usted, es el mejor.

Es importante que reconozca que el plan de Dios para su vida es distinto y único. No cometa el error común de copiar el ministerio de otra persona. Dios quiere usar su personalidad refinada por el Espíritu Santo. No tiene por qué pedir prestados o robar los recursos o gestos de otra persona; simplemente deje que Dios le convierta en el mensajero que Él quiere que usted sea. Solamente confíe en que Dios hará de usted un vaso apropiado para Su gloria y honor. No haga algo como lo que hizo Sarah, que cuando creyó que ya no podía cumplirse el sueño que Dios le había dado de tener un hijo, se adelantó a Dios, y envió a su esposo a dormir con Agar, su sirvienta. Sara no podía imaginar cómo

Dios la iba a permitir un embarazo en su vejez, e hizo una evaluación muy carnal de sí misma. Insultó a nuestro Creador cuando tomó esa decisión por sí misma.

Dios nos hizo de la manera que Él quería. Él es el alfarero y nosotros la arcilla. Dios tiene un diseño con el nombre de cada uno. Incluso puede sacar a la luz algunos talentos y habilidades ocultos que nosotros mismos no sabemos que están ahí. De ésto se trata, de dejarlo ser nuestro Señor.

Nunca dude de su llamado, Él le hizo con un propósito y quiere que camine en eso. *"Pues tú creaste todas las cosas, y existen porque tú las creaste según tu voluntad"* (Apocalipsis 4:11, NTV). *"... porque él nos eligió de antemano y hace que todas las cosas resulten de acuerdo con su plan"* (Efesios 1:11 NTV).

Si Dios ha puesto ese impulso o pasión en su corazón y le ha llamado, aunque parezca lejano, inalcanzable o inimaginable, puede contar con Su ayuda para lograr todo lo que se proponga.

Dios no parecía estar cohibido por la opinión limitada que Moisés tenía de sí mismo. Por lo general, Dios no necesita a alguien que esté súper preparado o sea súper inteligente; sólo necesita a alguien que se apoye en Él. Alguien como Moisés que dice: "Sí, obedeceré, pero no puedo hacerlo yo solo". Cierto, Moisés tenía sus problemas e inseguridades, y hasta ya su edad era avanzada; pero Dios le ayudó a hacer lo imposible.

Deberíamos haber aprendido de David y Goliat: Con Dios de nuestro lado, somos más grandes que cualquier problema que podamos tener. Si desea el ministerio que Dios tiene para usted, será necesario que dé un paso adelante y permita que Dios lo use. Eso significa salir de su zona de confort; significa que Dios puede pedirle que haga algo que usted cree no poder... Jesús le pidió a uno de sus discípulos que caminara sobre el agua, y a otro, que saliera de la tumba, y lo hicieron. Recuerde que todo lo que Dios necesita es algo para empezar. El miedo es una invitación para que el enemigo trabaje en contra.

La fe nos hace avanzar. Nuestro trabajo es confiar en Dios y dar un paso en completa obediencia al elevado y santo llamado de Dios para nuestras vidas.

El elevado y santo llamamiento de Dios está más allá de nuestras expectativas. Pese a ello, Dios nos ha hecho para movernos y trabajar en lo milagroso. Estamos llamados a hacer señales y prodigios; así que, no dejemos que el enemigo nos engañe para quedarnos en nuestras limitaciones. Creer en el Espíritu es esperar lo milagroso; y, caminar en el Espíritu, es moverse y obrar en lo milagroso. Dios no está limitado por nuestras debilidades. Prepárese para ver superar sus expectativas, e incluso sus sueños. No permita que su estado natural lo aleje del ministerio que Dios tiene para usted.

Es cierto que de la noche a la mañana no se convertirá en todo lo que Dios quiere que sea. Se necesitan años de madurez, y su ministerio crecerá en fases, a medida que madura en la fe, y crece su confianza en el poder del Espíritu Santo.

En todo momento y lugar, recuerde que su suficiencia es de Él. *"No es que pensemos que estamos capacitados para hacer algo por nuestra propia cuenta. Nuestra aptitud proviene de Dios"* **(2 Corintios 3:5).** No somos autosuficientes. Recibimos "de" la plenitud de Cristo, como los sarmientos de una vid reciben la savia. Sólo estamos completos, y sólo podemos tener ministerios completos, si permanecemos en Él, y Él permanece en nosotros. *"Como el pámpano no puede dar fruto por sí mismo si no permanece en la vid, tampoco ustedes si no permanecen en mí"* (Juan 15: 4).

Su ministerio se quedará sin combustible rápidamente, si su objetivo es proyectar su personalidad, y convencer a la gente de lo maravilloso que es, haciendo alarde de su propio carisma. He visto personas que intentan compensar en exceso sus debilidades, cediendo a un espíritu de entretenimiento en el púlpito. Si se rinde completamente a Dios, Él compensará cada insuficiencia que sienta, saturándole con una fuerte unción de Su Santo Espíritu.

Todo lo que crea que es un pasivo, Dios lo transformará en su activo. Zaqueo era bajo en estatura, y esa circunstancia provocó en él cierta actitud propia de su personalidad. Para compensar su desventaja, se convirtió en recaudador de impuestos... y por fin, llamó la atención de la gente. Aun así, cuando no podía alcanzar las cosas, tenía que coger una escalera o traer una caja o un taburete para pararse. Cuando escuchó la noticia de que Jesús estaba en las afueras de la ciudad, quiso tener la oportunidad de verlo. La gente estaría caminando por la ciudad por la vía principal. La gente se apiñaba de todas partes... Zaqueo sabía que si se convertía en parte de la multitud, no tendría ninguna posibilidad; pero su determinación de ver a Jesús, lo hizo subirse a un árbol. Se subió a un árbol sicómoro. Sólo quería ver a Jesús. Había escuchado a la gente hablar de Jesús, y tenía curiosidad por verlo. Esperó a que Jesús pasara, pero no esperaba que Jesús lo notara. Sin embargo, recibió la sorpresa de su vida, cuando en medio de cientos de personas que se alineaban en las calles, Jesús lo eligió para hablarle directamente. Jesús lo miró fijamente y le dijo: *"Zaqueo, date prisa y baja, porque hoy tengo que quedarme en tu casa"* (**Lucas 19:5**). Se encontró con el Salvador cara a cara. Ser de baja estatura lo hizo subir a un árbol, y se convirtió en su ventaja para conocer a Jesús. Dios le posicionará para la grandeza, siempre y cuando deje que sus limitaciones lo lleven "a un árbol"

¿Está dispuesto a tomar medidas extremas para ir más allá de la norma, no escuchar a la gente, y hacer lo que sea necesario para ver a Jesús?

Sólo un encuentro hará que el mismo Jesús se invite a su casa. Cambiará su vida. Mire que, ya sea su responsabilidad, o su debilidad, podrían convertirse en el punto de intimidad entre usted y Jesús. En ambos casos, usted descubrirá que el éxito de su ministerio está determinado por la profundidad de su intimidad con Jesús

Ahora, veamos a la mujer con el flujo de sangre: *"Y una mujer que estaba con flujo de sangre doce años hacía, Y había sufrido mucho de muchos médicos, y había gastado todo lo que tenía, y nada había aprovechado, antes le iba peor, Como oyó hablar de Jesús, llegó por detrás entre la compañía, y tocó su vestido. Porque decía: Si tocare tan solamente su vestido, seré salva"* (Marcos 5:25-28).

Esta mujer, habiendo hecho todo lo posible para encontrar una cura para su enfermedad, tenía un deseo apasionado de tocar a Jesús. Esa pasión rompió las limitaciones de la religión y la liturgia en su época. Su pasión la llevó a la liberación de su mal. No sólo recibió su sanidad. Lea Mateo 14 y aprenderá cómo ella, desesperada, pero apasionada, abrió una nueva dimensión mediante la cual otros también recibieron su curación y milagros.

Cuando Jesús eligió a los discípulos, no los eligió por sus habilidades, sino porque sabía lo que podrían llegar a ser después de moldearlos, y convertirlos en vasos útiles para Su gloria y honor.

Sea resuelto en su búsqueda de un ministerio, y sentirá un deseo apasionado, y determinación de tocar a Jesús para que libere en usted el poder de Dios. La pasión produce fe, y la fe produce poder.

Dios le dará todas las herramientas que necesita para el ministerio al que le ha llamado. Si Dios ha puesto un deseo apasionado por el ministerio en su corazón, avance, pero no se adelante a Dios. No permita que el enemigo le haga concentrarse en sus debilidades o pasividades. Tenga la seguridad de que *"fiel es el que os llama, el cual también lo hará"* (1 Tesalonicenses 5:24).

Dios le ha dado una misión y un llamado, así que recuerde: *"Mayor es el que está en vosotros, que el que está en el mundo"* **(I Juan 4:4).** Deje que la fe sea el motor que lo impulse a la victoria, y resista el miedo que crea montañas. Persiga la pasión por la misión que Dios le ha dado, y Él le ungirá para hacerla posible. No permita que el enemigo capitalice las circunstancias para minimizar esa pasión.

La perseverancia y la pasión siempre fueron recompensadas con el poder del Espíritu Santo. Es una determinación apasionada la que liberará el poder de Dios, para que nada obstaculice que usted alcance y cumpla su llamado.

Dios le eligió por lo que usted podría llegar a ser, y por lo que podría lograr a través de Su poder omnipotente y Su Presencia, infundida según la pasión que usted tenga. Decídase a seguir adelante y Dios le proporcionará las herramientas que necesite para tener éxito en hacer Su voluntad.

Mientras permanece en la Palabra, ore y busque la guía de Dios para su ministerio; conviértalo en su mayor deseo el conocerlo y estar lleno de Su Presencia; y entonces, su poder, pasión y determinación crecerán.

"Pero cuantas cosas eran para mí ganancia, las he estimado como pérdida por amor de Cristo. Y ciertamente, aun estimo todas las cosas como pérdida por la excelencia del conocimiento de Cristo Jesús, mi Señor, por amor del cual lo he perdido todo, y lo tengo por basura, para ganar a Cristo, y ser hallado en él, no teniendo mi propia justicia, que es por la ley, sino la que es por la fe de Cristo, la justicia que es de Dios por la fe; a fin de conocerle, y el poder de su resurrección, y la participación de sus padecimientos, llegando a ser semejante a él en su muerte" **(Filipenses 3:7-10).**

Deje a un lado todo su razonamiento de por qué no está calificado, y confíe en que su vocación es su habilitación.

Terminaré este capítulo con un testimonio personal que creo les ayudará. Varios años después de comenzar mi ministerio, Dios me guió a través de una amiga a predicar en su iglesia, en la que sólo se hablaba español. Me aseguraron que tendrían un traductor. Nunca pensé que ese sería el comienzo del ministerio en las iglesias hispanas. Aprendí a nunca minimizar las citas divinas, ya que me encontré predicando con bastante frecuencia en iglesias de habla castellana, con ayuda de un traductor. Me invitaron a predicar en República Dominicana y, por supuesto, siempre viajaba con un traductor.

Cierto día, el traductor me informó que ya no podía acompañarme. Me molestó mucho, porque tenía que predicar en una cruzada. Oré pidiéndole a Dios que me proporcionara otro traductor, y lo hizo; pero no fue lo que esperaba. El Señor dijo: "Ve, estoy contigo y verás mi gloria". Esa noche en la cruzada con una iglesia abarrotada y gente incluso de pie, afuera, mirando por las ventanas, Dios cumplió Su promesa, y me envió un traductor. Él mismo vino, y me permitió predicar mi primer mensaje en español. La gloria de Dios descendió, y las almas fueron salvadas y liberadas. Mi vocabulario era limitado pero Dios me dijo: "Usa lo que te doy y te daré más vocabulario". Los últimos 40 de mis 50 años en el ministerio, eso es exactamente lo que he estado haciendo, y Dios está siendo glorificado. *"Esta es la palabra de Jehová a Zorobabel, que dice: No con ejército ni con fuerza, sino con mi espíritu, ha dicho Jehová de los ejércitos" (Zacarías 4: 6)... "Y me ha dicho: Bástate mi gracia; porque mi poder se perfecciona en la debilidad. Por tanto, de buena gana me gloriaré más bien en mis debilidades, para que repose sobre mí el poder de Cristo"* (II Corintios 12:9).

Que esta sea su oración, mientras avanza preparándose para el ministerio: "Úsame, Dios. Muéstrame cómo entender quién soy, quién quiero ser y qué puedo hacer, y usarlo para un propósito mayor que yo" (Martin Luther King, Jr.).

Lo que Dios tiene para su ministerio en el Espíritu nunca podrá manifestarse en la carne. En Su presencia tenemos todo"

21

CAPITULO 2
LAS IMPROBABILIDADES DE DIOS

Dios utiliza a personas no capacitadas para cambiar el mundo. Dios no busca hombres o mujeres sabias, carismáticas, talentosas, o a los más inteligentes en términos de cómo el mundo entiende la inteligencia, sino que Él elige personas con diversas deficiencias y debilidades, para empoderarlas con su Espíritu Santo, a fin de transmitir el Evangelio.

Entonces, si se siente insignificante, no se preocupe. Dios no necesita sus talentos y habilidades, aunque puede usarlos. Dios no evalúa sus dones y talentos y luego decide si puede usarlo o no. Por lo tanto, si usted solamente observa lo que le parece bien para determinar su propósito, puede perderlo por completo. Lo que Dios necesita es su disposición, entrega y obediencia. Dios no llama a los equipados, Él equipa a los llamados. Dios usa a los quebrantados para que nadie pueda jactarse, y Él recibe toda la gloria

Al comenzar su jornada ministerial, ver que en la Biblia Dios usó a personas simples, le llenará de esperanza. La Biblia entera está llena de historias de Dios usando a quienes tenían serios defectos de carácter. Entender los antecedentes de los personajes bíblicos, debería ayudarle a usted a superar el sentido de indignidad, inseguridad y pasividad que esté evitando que usted avance.

Veamos algunos de esos personajes con caracteres imperfectos, y cómo Dios los usó para Su gloria.

1. Rahab

Siempre se la menciona como "Rahab, la ramera". También era cananea. Los cananeos eran los odiados enemigos de Israel. O sea, ella era una ramera, una cananea y una mentirosa. Del libro de Josué sabemos que, cuando los hebreos acamparon en Sitim, en el valle del Jordán frente a Jericó, Josué envió dos espías para examinar la fuerza de combate de Jericó. Los espías se escondieron en la casa de Rahab que estaba construida dentro de la muralla de la ciudad. Los hombres enviados para capturar a los espías, le pidieron a Rahab que los entregara, pero ella los escondió en el techo y los cubrió con manojos de lino, protegiéndolos de ser capturados. Rahab les dijo a los espías: *"Os ruego pues, ahora, que me juréis por Jehová, que como he hecho misericordia con vosotros, así la haréis vosotros con la casa de mi padre, de lo cual me daréis una señal segura; y que salvaréis la vida a mi padre y a mi madre, a mis hermanos y hermanas, y a todo lo que es suyo; y que libraréis nuestras vidas de la muerte"* (Josué 2:12,13).

La justicia de Dios era sacar a las naciones malvadas y repugnantes de la Tierra Prometida, y dársela a Su pueblo, como lo declaró Su pacto. Rahab estaba lejos de la imagen de la pureza, pero al menos reconoció al Dios de los hebreos como el verdadero Dios, y probablemente fue más que lo que el resto de toda esa ciudad haría. Para eso Rahab fue diseñada, fue usada por Dios para ayudar al pueblo de Dios; y a pesar de la mentira, ella vivió.

Dios puede tomar a cualquiera y darle poder para hacer cualquier cosa.

Jesús se especializa en transformar los fracasos y las debilidades humanas en rocas de fortaleza para su Iglesia.

2. Aod

En un momento en que Israel necesitaba desesperadamente alguien que los liberara del dominio de los moabitas, Dios llamó a un hombre común; alguien que entre el público definitivamente habría pasado desapercibido. Dios llamó a Aod, un hombre considerado como discapacitado, porque era zurdo. La Biblia a propósito menciona que Aod era zurdo, porque eso fue lo que le permitió matar a Eglón, el rey de Moab.

Como haría cualquier rey, Eglón tenía guardias que lo protegían, y registraban a cualquiera que quisiera entrar en la sala, delante de su trono. Sin embargo, de alguna manera Aod logró entrar con una daga afilada, escondida en su ropa. Normalmente, una persona diestra usa su espada en su lado izquierdo, porque es más fácil y rápido sacarla desde el lado opuesto de su cuerpo. Los guardias asumieron que Aod era diestro y, por lo tanto, sólo revisaron su lado izquierdo. Pero como zurdo, Aod mantuvo el puñal al lado derecho, por lo que pudo pasar la revisión.

En el libro de Jueces, tercer capítulo, la Biblia nos muestra que los israelitas estaban bajo una opresión extrema, obligados a servir a un pueblo mucho más fuerte que ellos. Estuvieron dieciocho años esclavizados por esta nación idólatra y despiadada. Los moabitas les exigían pagar tributos anuales y fuertes impuestos. Finalmente... ***"clamaron los hijos de Israel a Jehová; y Jehová les levantó un*** *libertador, a Aod hijo de Gera, benjamita, el cual era zurdo. Y los hijos de Israel enviaron con él un presente a Eglón rey de Moab"* (Jueces 3:15).

No había nada de especial en Aod. Fue el segundo juez de Israel, pero no hay detalles especiales de su vida que lo hagan destacar. Sólo se dice que era un zurdo de la tribu de Benjamín. ¿Por qué Dios elegiría a este hombre zurdo para matar a un rey tirano y opresor, y cambiar para siempre la historia de Israel?

Puede que te consideres a ti mismo como un inútil, pero con la Mano de Dios sobre tu vida, puedes hacer lo impensable.

Cuando se trajo el dinero del tributo al rey Eglón, Aod le pidió una consulta privada; y he aquí lo que relatan las Escrituras: *"Y se le acercó Aod, estando él sentado solo en su sala de verano. Y Aod dijo: Tengo palabra de Dios para ti. El entonces se levantó de la silla. Entonces alargó Aod su mano izquierda, y tomó el puñal de su lado derecho, y se lo metió por el vientre, de tal manera que la empuñadura entró también tras la hoja, y la gordura cubrió la hoja, porque no sacó el puñal de su vientre; y salió el estiércol. Y salió Aod al corredor, y cerró tras sí las puertas de la sala y las aseguró con el cerrojo"* (Jueces 3:20-23).

Después de dejar el tributo, Aod despidió a los hombres que lo habían llevado hasta ahí. Luego se fue, pero cuando pasó junto a algunos ídolos paganos cerca de Gilgal, regresó y le dijo al rey: "Su Majestad, tengo un mensaje secreto para usted".

Eglón despidió a sus sirvientes. Aod se acercó al trono. Cuando el rey se puso de pie, Aod sacó la daga de su escondite y la clavó en el vientre de Eglón.

Aod puso llave en la puerta y escapó. Los criados, pensando que Eglón estaba haciendo sus necesidades en un orinal, esperaron y esperaron, lo que permitió que Aod escapara.

Cuando Aod llegó a la región montañosa de Efraín, tocó una trompeta y reunió a los israelitas con él y los condujo hasta los vados del río Jordán, los cuales fueron estratégicamente tomados, para evitar que lleguen refuerzos a los moabitas.

En las batallas que siguieron, los israelitas mataron a unos 10.000 moabitas, sin dejar que nadie escapara. Después de esa victoria, Moab cayó bajo el control de Israel y hubo paz en la tierra de Israel durante 80 años.

3. Gedeón

Gedeón era un hombre más bien cobarde, pero Dios no lo veía de ese modo, y lo llamó. Dios vio el potencial de lo que Gedeón PODRÍA ser, porque Dios estaba con él.

En Jueces 6:12 leemos que Dios le dice, "varón esforzado y valiente". Gedeón era todo, menos eso; así que buscó cualquier excusa para escapar de los planes que Dios tenía para él, haciendo que Dios le diera pruebas sobre sus dudas, una y otra vez.

En Jueces 6, leemos acerca de Gedeón cuestionando los planes de Dios (v. 13), tratando de escapar del trabajo que Dios tenía para él (v. 15) y haciendo que Dios le dé señales, para probarle que efectivamente era Dios quien le estaba llamando (v. 21, 36, 39). Además, cuando Dios le pidió a Gedeón que destruyera los ídolos de su padre, él lo hizo, pero de noche, cuando nadie podía verlo. Sin embargo, a pesar de ser renuente, Dios lo usó.

4. Jael
En el capítulo 4 de Jueces aprendemos de Sísara, quien era el comandante del ejército cananeo. Fue un hombre muy cruel que oprimió a los israelitas durante veinte años. Jael era la esposa de Heber el ceneo (de los hijos de Hobab, suegro de Moisés). No sabemos mucho sobre Sísara, sólo que era de los beduinos, pueblo nómada que vivía en tiendas de campaña.

Sísara, a pesar de enfrentar a Débora y Barac con mucho poder, estaba perdiendo la batalla, y decidió huir a pie. En su huida, corrió directamente hacia la tienda de Jael (Yael en hebreo). Cuando Sísara llega a su puerta, Jael le dice que no se preocupe, lo lleva a la tienda, y lo cubre para calentarlo, aparentando que lo esconde de quienes lo persiguen.

Sísara le pidió que le diera un vaso de leche, y también que hiciera guardia en la entrada de la carpa. Seguimos leyendo en Jueces 4:21... *"Pero Jael mujer de Heber tomó una estaca de la tienda, y poniendo un mazo en su mano, se le acercó calladamente y le metió la estaca por las sienes, y la enclavó en la tierra, pues él estaba cargado de sueño y cansado; y así murió".* Una vez más, vemos a Dios usando a las personas no calificadas y quebrantadas, para lograr Su propósito. Un gobernante poderoso cayó ante Dios que llamó a una mujer con una estaca. Para el mundo, esta era sólo una mujer con una herramienta común, pero ella fue llamada, desde su trabajo doméstico, a lograr grandes cosas.

LOS DESAFÍOS DE LOS LLAMADOS

¡Dios te está buscando! Vivimos tiempos para que aquellos que se sienten escondidos y olvidados se levanten y lideren. ¡Ésta es la hora de superar tus limitaciones!

Dios usa todas nuestras piezas rotas, y las vuelve a unir en formas que solo Él puede, y las solidifica en Su fuego refinador, y nos moldea en lo que Él sabe que PODEMOS ser. Hay esperanza para todos nosotros. Sé que a pesar de lo que no nos guste de nosotros mismos, Dios puede usarnos y a través nuestro, hacer grandes cosas.

5. Sansón

Era terco, no siguió el consejo de sus padres (Jueces 14: 3). Era irascible y se involucraba fácilmente en una pelea. Abandonó a su esposa cuando ella lo convenció de que compartiera la respuesta a su acertijo (14: 9), pero cuando fue dada a otro hombre, su venganza hizo que ella y su padre fueran quemados vivos.

Se acostó con una prostituta y Dalila lo manipuló en repetidas ocasiones (Jueces 16). Éste era el hombre al que Dios le concedió la capacidad de luchar contra los filisteos y le dio gloria. Sansón cedió finalmente ante Dalila, y le reveló el secreto de su fuerza: la fidelidad a su voto nazareo a Dios, que le prohibía cortarse el cabello.

Mientras Sansón dormía, Dalila le cortó el cabello... Ya debilitada su fuerza, los filisteos lo capturaron, le sacaron los ojos, lo metieron en la cárcel y le convirtieron en un espectáculo público. ¡Pero su cabello comenzó a crecer nuevamente! (Jueces 16:17).

Suponiendo falsamente que su dios Dagón había entregado a Sansón en sus manos, aproximadamente 3,000 hombres y mujeres (los líderes filisteos) se reunieron en el templo de Dagón para ofrecerle sacrificios. Mientras estaban allí, decidieron sacar a Sansón para burlarse de él. Pero todo cambió rápidamente... Aunque ya no podía ver, Sansón finalmente entendió el propósito de Dios para su vida:

debilitar a la nación filistea. De pie entre dos columnas que sostenían el edificio, Sansón le pidió a Dios fuerza extra para vengarse por la pérdida de sus ojos y causar el caos final sobre los filisteos. Le pidió a Dios diciendo: "¡Déjame morir con los filisteos!" y Dios respondió a su oración Sansón empujó las columnas y derrumbó el templo (versículo 30). Murió, pero al morir también mató a más filisteos de los que hasta entonces había matado durante toda su vida.

6. José

José fue vendido como esclavo por sus propios hermanos, después de que les presumiera sobre la visión que Dios le dio en sueños, de que él los gobernaría. Fue separado de su familia y su hogar; fue acusado falsamente por la esposa de Potifar, a quien había sido leal y devoto; y fue injustamente encarcelado e ignorado. Por el propio testimonio de José, Dios le había permitido tales sufrimientos (agonías físicas, mentales y emocionales) para que José pudiera cumplir el plan de Dios: salvar muchas vidas. *Vosotros [los hermanos de José que lo vendieron como esclavo años atrás]* **pensasteis mal contra mí, mas Dios lo encaminó a bien, para hacer lo que vemos hoy, para mantener en vida a mucho pueblo"** (Génesis 50:20).

Cuando José respondió al sufrimiento con fe, mansedumbre y humildad, Dios moldeó y formó a un líder. Y ese líder no sólo terminaría salvando las vidas de quienes le traicionaron, sino que también los perdonaría por completo, supliría abundantemente sus necesidades, y salvaría al pueblo de Dios de la hambruna. Tal es el potencial cuando elegimos rechazar la vacía venganza de la amargura y, en cambio, elegimos acoger los beneficios del sufrimiento.

Dios quiere redimir tus debilidades
y usarlas para alcanzar a los perdidos
y atraer a la gente hacia Él.

---

7. David

David es una de las personas más mencionadas en la Biblia, con sesenta y seis capítulos dedicados a él. David fue un adorador, un guerrero, un poeta y un protector. Sin embargo, una vez que tuvo poder, las cosas se desviaron un poco. En primer lugar, era un muy mal padre. Uno de los hijos violó a una hija, otro hijo asesinó al primer hijo antes de intentar quitarle el trono a David, y David no hizo nada para castigarlos. Además de ésto, David se acostó con la esposa de uno de sus mejores soldados, Urías el hitita, mientras que Urías estaba librando la batalla de David. Luego hizo todo lo posible para que mataran a Urías. Sin embargo, Dios usó a David para derrotar a los filisteos y estabilizar a la nación de Israel como nunca antes lo había estado. ***"Quitado éste, les levantó por rey a David"*** (Hechos 13:22).

Dios testificó acerca de él: ***"He hallado a David hijo de Isaí, varón conforme a mi corazón, quien hará todo lo que yo quiero"*** (Hechos 13:22). En una competencia por el mejor rey de Israel, David seguramente ganaría. Aunque no sin defectos, era un líder increíble y un hombre muy impresionante. No obstante, Dios lo había llevado a través de un régimen extenuante para prepararlo para ser rey. Y no cualquier rey, sino un rey digno de convertirse en un presagio del Mesías. David había sido ungido rey a la edad de 17 años, pero sólo se sentó en el trono cuando tuvo 30 años. Eso es mucho tiempo. Cuando era joven, en su adolescencia, había recibido una promesa. Se presentó un profeta, quien rechazó a todos y cada uno de sus hermanos, pues había sido instruido por Dios, nada menos que para declarar que David sería rey. El profeta derramó aceite sagrado sobre él, para dar testimonio del hecho.

Poco sabía David que pasarían largos años antes de que llegara ese día, y que ese tiempo iba a ser muy, pero muy difícil. Fue durante esos años que David aprendió cómo manejar una crisis, cómo amar a sus enemigos, honrar a la autoridad, obrar con justicia, amar la misericordia y caminar humildemente con su Dios.

David aprendió acerca del lugar secreto, y fue el lugar en el que aprendió a correr en su momento de necesidad. Tuvo una vida muy difícil y tumultuosa desde que era un niño pastor, y luego que fue llevado a las cortes del rey, después de que mató a Goliat. Hubo muchas personas que estaban celosas de él, debido a su propio deseo de prominencia. David encontró refugio y victoria en la presencia de Dios. Como salmista, practicaba la adoración en los campos, mientras cuidaba las ovejas. Fue en ese ambiente que Dios estaba formando a David para que llegase a ser el hombre que dirigiría a Su nación.

Trece años de campo de entrenamiento experimentando tiempos difíciles, fue lo que también contribuyó a que David fuera tan grande, durante su reinado de cuarenta años.

David también escribió la mayoría de los salmos que nos dan ánimo e instruyen. Dios usó a David, porque tenía un corazón que buscaba a Dios en los buenos y en los malos tiempos.

8. Pablo

Leemos en el libro de los Hechos, cómo Saulo conoció a Cristo, se transformó en Pablo, y se convirtió en apóstol de muchas iglesias en diferentes áreas alrededor del mundo. Sin embargo, también sabemos que ese Pablo, que fue al principio un asesino de cristianos, que era implacable en su persecución de aquellos que seguían a Cristo, más tarde, se convirtió en el hombre que diría... ***"Sed imitadores de mí, así como yo de Cristo"*** (1 Corintios 11:1).

Pablo se describe a sí mismo afirmando: ***"Aunque yo tengo también de qué confiar en la carne. Si alguno piensa que tiene de qué confiar en la carne, yo más. Circuncidado al octavo día, del linaje de Israel, de la tribu de Benjamín, hebreo de hebreos; en cuanto a la ley, fariseo"*** (Filipenses 3:4-5).

Se consideraba perfecto según los estándares del Antiguo Testamento, y aseguró que cualquiera que no siguiera esas normas, no tenía por qué llamarse pueblo de Dios. Él estaba allí aprobándolo cuando mataron a

Esteban, e iba a Damasco a cazar cristianos; pero Dios lo transformó y lo convirtió en la voz más prominente, al escribir 14 de los 27 libros del Nuevo Testamento. Pablo viajó extensamente, plantando iglesias dondequiera que iba. Cuando no estaba con esas iglesias, todavía llevaba la responsabilidad por ellas en su corazón, como un padre por sus hijos.

9. Pedro

Pedro tenía una mentalidad de "charla primero, piensa después en lo que dijiste". Fue temerario y abrasivo, y nunca se comprometió completamente con Cristo, hasta después de Su muerte y resurrección.

En los Evangelios, la vida de Pedro y su relación con Cristo son como una montaña rusa. Caminó sobre el agua, pero su falta de fe hizo que se hundiera. En Mateo 15, Jesús lo llama "aburrido", pero en el capítulo 16, Jesús le da un gran cumplido después de que Pedro dijo: *"Tú eres el Cristo, el hijo del Dios viviente"*. Pedro se durmió, luego huyó al Huerto de Getsemaní, y luego, como es sabido, negó a Cristo tres veces, tal como Jesús profetizó que sucedería. Este no es el hombre que uno elegiría inmediatamente para dirigir la Iglesia primitiva, pero eso es lo que sucedió.

Después del Día de Pentecostés, en Hechos 2, leemos que Pedro se convirtió en un hombre diferente, uno lleno de confianza y sabiduría, que ayudaría a sentar las bases de la Iglesia para lo que llegaría a convertirse.

Jesús se especializa en transformar los fracasos y las debilidades humanas en rocas de fortaleza para su Iglesia.

La manera en que un líder se enfrenta a sus propios fracasos o defectos, tendrá un efecto significativo en su futuro ministerio. Habría sido razonable creer que el fracaso de Pedro en la Sección de juicio, habría cerrado y dado un portazo para siempre al liderazgo en el reino de Cristo; en cambio, la profundidad de su arrepentimiento y la realidad de su amor por Cristo, reabrieron la puerta de la oportunidad a una esfera de servicio aún más amplia. ***Donde abundó el pecado, sobreabundó la gracia***".

El fracaso de Pedro no lo definió. Y nuestros fracasos o imperfecciones no nos definirán. Dios usa a todo tipo de personas y caminos complejos para cumplir sus planes, y Él recibe toda la gloria.

CAPÍTULO 3

¿QUIÉN SOY YO, Y CUÁLES SON MIS DONES?

Sus dones espirituales son la manifestación del Espíritu Santo en su vida. *"Pero a cada uno le es dada la manifestación del Espíritu para provecho"* (I Corintios 12: 7) Busque la llenura del Espíritu Santo; entre en un proceso de rendición, y permita que Dios le llene de Su Espíritu. En ese proceso, usted se pone a disposición para que Dios lo libere y le otorgue dones espirituales. Pablo habla y anima al creyente a *"ser lleno del Espíritu"* (Efesios 5:18). Según el texto griego, ésto se refiere a una acción continua, o sea: "seguir siendo llenos del Espíritu".

Pero Pablo también habla de contristar y apagar al Espíritu. Dios quiere liberar sus dones, pero debemos tener cuidado de entristecer a su Espíritu por medio de actitudes y acciones impías, o por incredulidad y pensamientos negativos. *"No contristéis al Espíritu Santo de Dios"* (Efesios 5:30).

Es importante estar activo en su iglesia local, y servir en diferentes actividades. La sumisión a su pastor y líderes es relevante, y es una parte fundamental de su jornada ministerial. Pida discernimiento al Espíritu Santo, y la oración intercesora y guía de sus líderes espirituales. En la Iglesia primitiva, los líderes de la Iglesia instruían y luego enviaban a los discípulos.

Cada don espiritual tiene un lugar especial en el Cuerpo de Cristo. Cada don que Dios ha puesto en los miembros de la Iglesia es importante. Algunos dones, como predicar, enseñar y profetizar pueden parecer más importantes que otros, como por ejemplo la hospitalidad o el arreglo del templo. Pero Dios ha dado todos estos dones para edificar Su Iglesia. Ninguno de los dones debe ser menospreciado, categorizado o tratado a la ligera. Dios ha dado varios tipos de dones para la instrucción de su pueblo, a fin de que alcancen un crecimiento ordenado y armonioso; por ejemplo: Administración, Evangelización, Enseñanza, Predicación, Exhortación, Profecía, Intercesión, Generosidad, Sanación, Hospitalidad, por nombrar algunos.

Como parte de su jornada ministerial, usted debe reconocer dónde está su mayor unción en el ministerio. Si tiene el don de predicar a la congregación, no busque ministrar a los niños. La alegría al hacer lo que hace, es un gran indicador de cuál es el don que Dios le ha regalado; si una tarea le hace feliz, es una buena señal de que ha encontrado su habilidad, su forma y el lugar exacto donde su servicio va a tener mayor rendimiento. Dé un paso hacia lo que siente que Dios le está guiando, y descubrirá lo que puede y lo que no puede hacer con eficiencia. El secreto del ministerio es rodearse de personas que hacen bien lo que usted no puede hacer, pero se complementan para trabajar en equipo.

Dios no va a permitir que invierta toda una vida en hacer algo que odia.

El reconocer que tiene un don espiritual, y tener un ministerio de tiempo completo, puede no ser lo mismo. La Iglesia está formada por muchas personas diferentes que sirven a su comunidad, y son talentosos, pero no tienen un "ministerio de tiempo completo". Sin embargo, estar activo bajo el liderazgo de su pastor, le ayudará a encontrarse a usted mismo. Identificar sus dones es el comienzo para entender si Dios le está llamando a un ministerio permanente, y para tomar la decisión de seguir adelante. El hecho de que tenga el don de enseñar no significa, necesariamente, que esté llamado a ser pastor. Hay muchos usos para cada don, y sus mentores y líderes de la Congregación son las mejores personas para ayudarle a decidir cuál es la mejor manera de usar las habilidades que Dios le ha dado. Todos tienen el potencial dado por Dios, para sobresalir en algo. Es importante desarrollar el don que Dios le ha dado, y hacer con ese don lo que Dios quiere, en lugar de usar su don para hacer lo que otra persona está haciendo.

Para desarrollar el don que Dios le ha dado, se requerirá la cooperación del Espíritu Santo, y la determinación y el trabajo arduo de parte suya. Esté dispuesto a despojarse de todo lo que le obstaculice en su camino ministerial o de liderazgo, o le impida alcanzar su potencial. Pablo habló de esto cuando dijo: *"Por tanto, viendo que también nosotros estamos rodeados de tan gran nube de testigos, dejemos a un lado todo peso y el pecado que nos asedia con tanta facilidad, y corramos con paciencia la carrera que está puesta delante de nosotros"* **(Hebreos 12:1).**

Si invierte tiempo y esfuerzo en desarrollar el don que Dios le ha dado, a su debido tiempo experimentará un tremendo gozo y satisfacción por lo alcanzado.

La manera de ver el cumplimiento Divino en el llamado que usted ha recibido, es esperar pacientemente y no darse por vencido; seguir adelante... *"Y no nos cansemos de hacer el bien porque a su tiempo segaremos, si no desmayamos"* (Gálatas 6: 9).

Desafortunadamente, hay muchas personas insatisfechas en el Ministerio al que están vinculadas, pues consideran que han llegado a ese lugar, pero no ven sus sueños cumplidos. Parte del problema es que vivimos en una era en la que sentimos que todo debe surgir fácilmente en nuestro camino y, por lo tanto, muchos quieren ocupar puestos importantes, pero no quieren aceptar las responsabilidades y deberes que conllevan esos puestos. Dios no muestra parcialidad cuando nos da la oportunidad de ser usados. Dios no mira nuestros antecedentes o género, raza o tipo de vida familiar que tenemos, o incluso cuáles son nuestras discapacidades físicas. En mi propio Ministerio, he luchado con algunas desventajas, algunas de ellas causadas por la vida que llevé antes de ser salva.

En los últimos 20 años, una condición muy dolorosa de mi espalda me ha obligado a sentarme mientras predico; y luego, a levantarme con dificultad, para orar por la gente. Al principio luché con la idea de tener que sentarme mientras predicaba, pensando que mi Ministerio no sería tan efectivo, o ni siquiera aceptado. Cierto día, cuando estaba reflexionando sobre tal situación, el Señor me habló y dijo: "Sentarse a predicar no es una señal de fracaso, es un testimonio de que estás gobernando y reinando sobre tus circunstancias, y ganando la batalla". A partir de entonces, al predicar, me imaginé a mí misma como una reina sentada encima del problema, gobernando y no sucumbiendo a las circunstancias. Mucha gente me dijo que era un testimonio para ellos y que, a través de mi postura, Dios les habló sobre perseverar y superar sus propios problemas y obstáculos.

Recuerde, cuando a pesar de sus debilidades e incapacidades usted tiene el llamado de Dios, Él lo respaldará. Complazca al Señor en todo, y Él le dará aceptación y favor, y una mayor unción. Siento que Dios me equipa con una mayor unción, a medida que enfrento los desafíos que otros quizás no tengan que enfrentar. Nuestro trabajo es ceder, obedecer y entregarnos, y Dios nos llevará a nuestro máximo potencial. Muchas personas me han comentado que, el hecho de que yo, aunque sea sentada siga predicando en lugar de dejar simplemente de hacerlo a pretexto de mi dolencia, ha sido un testimonio para ellos, y se han sentido motivados para seguir adelante, superando sus limitaciones.

La perseverancia es una característica necesaria para alcanzar su máximo potencial y realizarse en su llamado. Sea paciente consigo mismo, siga presionando, y no se conforme en querer ser cualquier otra cosa, sino más bien ponga la mira en lo que puede ser y lograr, porque Dios premia la perseverancia. Tenga paciencia y espere el tiempo de Dios, porque Dios no siempre se mueve de acuerdo con nuestro calendario. Sea también paciente con otras personas, porque no conocen todo el funcionamiento interno de lo que el Espíritu Santo está haciendo en su vida para llevarlo a donde usted necesita estar. Tenga paciencia con la vida, aprenda a vivir cada día al máximo y disfrute el lugar en el que se encuentra, sabiendo que no se quedará allí, sino que seguirá adelante. Esa es una de las características de un líder: sacar lo mejor de cada día, adaptarse a las circunstancias y vivir la vida al máximo. Debemos aprender el proceso de cambio, si queremos tener éxito en el Ministerio.

Nadie comienza en la línea final. "Porque os es necesaria la paciencia, para que, habiendo hecho la voluntad de Dios, obtengáis la promesa" (Hebreos 10:36).

Una vida disciplinada y autocontrolada requiere tiempo, determinación y trabajo duro. También exige abnegación, y que dejemos nuestras viejas costumbres. Para usarnos, Dios debe cambiarnos. Llegar a ser más como Cristo significa seguir Su ejemplo y aprender Sus caminos.

No todos tenemos los mismos talentos o habilidades, y Dios no tiene la intención de que todos hagamos lo mismo; pero seguro que todos debemos buscar ser quienes Dios nos ha llamado a ser. Los líderes escogidos para ayudar a Moisés a gobernar a los israelitas, fueron puestos a cargo de diferentes grupos: algunos a la cabeza de miles, otros de cientos, otros incluso de menos. Es importante recordar que no competimos con nadie. No todo el mundo tiene la unción, o la fortaleza interior, o la fuerza para liderar a miles. Usted encontrará gozo y satisfacción, sabiendo que está funcionando donde Dios lo ha colocado.

Dios requiere excelencia en todo lo que está llamado a hacer. No deje que el enemigo u otras personas le desanimen de su vocación y su bendición. Muchas personas son como el tercer siervo en Mateo, Capítulo 25, que escondió su talento porque tenía miedo: miedo a la responsabilidad o, a lo que otros pudieran decir o pensar sobre él. No tenga miedo de mudarse y tomar el talento que Dios le ha dado, y dejar que Dios le use para Su gloria. Dios quiere hacer con usted más de lo que humanamente usted pueda imaginar.

Una persona totalmente sometida a Dios tiene posibilidades ilimitadas. Dios mira las cosas de manera completamente diferente a como lo hacemos nosotros. El ser humano mira las cosas a través del lente de la debilidad e incapacidad personal, pero Dios mira las posibilidades individuales, y pone Su fuerza en el centro exacto, y sin medida: ¡medida mecida y rebosante!

Echemos otro vistazo a Aod. Como mencionamos anteriormente, las personas que podemos considerar como no calificadas, o que no tienen las herramientas adecuadas para el trabajo, son las mismas personas que Dios elige para darles una asignación. Aod era uno de esos hombres. Es conocido como el guerrero zurdo en la Biblia, a quien Dios levantó para ser el libertador de los israelitas del yugo de Moab. Cuando se llevó el tributo a Moab al rey Eglón, Aod pidió una consulta privada. El rey accedió a verlo. El plan de Aod era bastante simple y no involucraba mucha participación externa. Sin explosivos, sin radar, sin satélites espías, sin dispositivos de detección por rayos infrarrojos... todo lo que tenía era una daga, una mendicidad de dinero, pero una fe muy grande: ¡Mata al rey con su daga y escapa por la ventana! No había nada especial en Aod, pero servía a un Dios sobrenatural.

Dado que Aod era zurdo, algunos comandantes habrían argumentado que ni siquiera era apto para la batalla. Ciertamente, estaba en la minoría de militares a la hora de elegir un guerrero para emprender una tarea de esta magnitud. Sin embargo, esta no fue una asignación diseñada por los militares, sino más bien una misión creada por Dios mismo. Los comandantes necesitaban un hombre con habilidad y valentía. No pierda su llamado por estar mirando sus incapacidades, en lugar de alzar sus ojos a nuestro Dios sobrenatural.

No permita que el miedo a fallar le impida seguir adelante, cuando sabe que Dios le está llamando.

Es hora de avanzar hacia el propósito de Dios y el cumplimiento de todo lo que Él ha preparado. Recuerde que el nombre de Aod significaba que era un hombre de alabanza. Es hora de matar al rey de la complacencia, y alabar a Dios Todopoderoso, desde lo más profundo del alma. Sumérjase en el lugar de intimidad con Dios, y Él le compartirá Sus secretos y revelará Su plan para su vida, mostrándole cuáles son sus dones.

Si no estamos seguros de quiénes somos, nunca tendremos confianza en nuestra representación del Señor. Dios había ungido a David para que fuera el futuro rey; David se aferró a esa promesa. Cuando Dios le muestre quién es usted, aférrese a las promesas que Dios le ha dado. Como hijos de Dios, se nos ha confiado una gran autoridad, que conlleva una gran responsabilidad.

¡No espere para dar un paso adelante!

En la historia del guerrero zurdo, Aod decidió abrazar el llamado y los deberes que le asignaron. Podría haber argumentado que había alguien más equipado para este complicado plan de asesinar al rey Eglón, pero algo en el fondo de su corazón le instaba a hacerlo. Ese era el llamado de Dios; y si no lo hacía, el interrogante de "¿por qué no lo hice?", siempre le hubiera perseguido, y habría vivido arrepintiéndose de su desobediencia. Como dice el antiguo himno, "Confía y obedece, no hay otra manera de ser feliz en Jesús que confiar y obedecer".

He conocido en mi camino ministerial a muchas personas que compartieron conmigo su pesar por no obedecer, y 20 años después, lo siguen lamentando mucho. Están ocupados en el ministerio cristiano, pero perdieron una asignación que les habría producido una vida de gozo que proviene de la obediencia al Señor. Quizás Aod habrá pensado siempre que alguien más se levantaría y mataría al rey Eglón; tal vez habrá tenido la esperanza de que sobre el rey malvado caiga una intervención divina, para entonces, cambiar de opinión y no aceptar la asignación. Tal vez esperó hasta que no pudo resistir más, y dijo como Isaías... *"¡Aquí estoy! Envíame"* (Isaías 5: 8b).

La gente tiende a esperar su propia experiencia de "zarza ardiente". Quizás espera que Dios escriba un mensaje en las nubes, detallando la dirección que debe tomar. Sin embargo, he descubierto que Dios habla de muchas maneras. David Livingston dijo: "Prefiero estar en el corazón de África en la voluntad de Dios, que en el trono de Inglaterra sin Su voluntad". Podría escribir un libro completamente dedicado al tema, "Cómo saber que estoy llamado al ministerio", pero no se trata de eso en este libro; sin embargo, quiero incluir algunas reflexiones sobre el tema, ya que nos estamos ocupando de descubrir "Quiénes somos y cuáles son nuestros dones".

Si Dios realmente le está llamando, lo confirmará de muchas maneras. Si siente que está siendo llamado a un ministerio en particular, busque el rostro de Dios y pida que se abran las puertas a más oportunidades y más confirmaciones, tanto internas como externas. Pídale también que las puertas se cierren si no es Su voluntad continuar. Anímese por el hecho de que Dios tiene el control soberano de todas las cosas, y obrará: *"A los que aman a Dios, todas las cosas les ayudan a bien, esto es, a los que conforme a su propósito son llamados"* (Romanos 8:28).

Cuando Dios le llama, le está llamando primero a obedecer. El éxito de Su llamado depende de Él; la obediencia depende de usted.

El general William Booth, fundador del Ejército de Salvación, dijo: "La grandeza del poder de un hombre es la medida de su rendición". ¿Ha entregado su casa, su automóvil, sus sueños, su familia a Jesús? Sólo después de que nos ocupamos de Su agenda, podremos recibir Su comisión. Si lo ha hecho, entonces, como el apóstol Pablo, ha asumido el papel de un sirvo. No olvidemos: Jesús vino a esta tierra... a servir. Pablo abrazó ese carácter, y nosotros lo debemos hacer también.

Cuando llegue el momento de Dios para su ministerio, será más allá de lo que esperaba. *"Y a Aquel que es poderoso para hacer todas las cosas mucho más abundantemente de lo que pedimos o entendemos, según el poder que actúa en nosotros, a él sea gloria en la iglesia en Cristo Jesús por todas las edades, por los siglos de los siglos. Amén"* (Efesios 3:20-21).

PARTE II
DESARROLLANDO
EL CARÁCTER

CAPÍTULO 1

DELE LA GLORIA A DIOS

* ORGULLO

Un pecado al que Dios reacciona rápidamente es el orgullo. Como dice la Biblia, el orgullo viene antes de la caída: *"El orgullo va antes de la destrucción, y el espíritu altivo antes de la caída"* **(Proverbios 16:18).**

El pecado de orgullo hará que usted le robe a Dios la gloria debida a Su nombre. Un ángel mató a Herodes **(Hechos 12:23)** cuando trataba de obtener la gloria. Jesús constantemente le dio al Padre toda la gloria y el honor. Jesús caminó con humildad hacia su Padre, y también con un amor asombroso por las personas. Caminaba y hablaba entre los pobres, prestándoles toda su atención. No se escondió, contrariamente, siempre fue muy accesible.

Cuando Dios use su vida para traer sanidad, esperanza o liberación, asegúrese de hacer todo lo posible para que la gente sepa que es Dios y no usted, quien merece toda la gloria y el honor. Desarrolle el hábito de tomarse unos minutos después de ministrar, y ore para que la gente discierna con claridad y le diga al Señor: "Dios, te doy toda la gloria por usar esa persona hoy; y todas las cosas amables que me ha dicho, las tomo en Tu nombre".

Dios usa personas que le darán a
Él toda la gloria y el honor.

Cuando piensa que usted puede predicar, enseñar o ministrar sin orar primero, y está seguro de tener el mensaje de Dios para la Iglesia, entonces usted exhibe orgullo y gloria personal.

Mantenga su corazón puro, confesando y pidiendo perdón por cualquier forma que haya ofendido al Espíritu Santo. Es necesario aclarar que, caminar humildemente ante el Señor, no significa menospreciar a otros, o menospreciarse a uno mismo. Acepte que es un hombre o una mujer de Dios, un embajador de Cristo, reconociendo que es debido a quién es Él, que usted puede ministrar con autoridad. La Escritura nos anima a buscar la humildad en el liderazgo ministerial.

Es imperativo que un hombre o una mujer que crean que al asumir una posición de liderazgo ministerial están siendo guiados por el Señor, comprendan plenamente las enseñanzas de Cristo sobre el tema, y las consecuencias posteriores de sus enseñanzas en el pueblo.

* HUMILDAD

El comportamiento de Cristo descrito en el Evangelio de Juan, nos proporciona un precedente para comprender cuál es el corazón y el alma del servicio en el liderazgo ministerial. Cuando Jesús lavó los pies de los discípulos **(Juan 13: 1-17)** justo antes de su crucifixión, les enseñó una verdad VITAL acerca de la actitud de sí mismos, no sólo como receptores de la Verdad, sino como maestros de estas verdades para los demás. Estos eran los discípulos de Cristo y los futuros pastores de las Iglesias aún no formadas.

Es necesario que cada uno de nosotros recordemos, siempre, que debemos servir con humildad ante el Señor. Debemos entender que la vieja naturaleza puede llevarnos por mal camino, y podemos caer en la misma trampa en la que cayeron los discípulos... ¡buscar que les den el honor que sólo le pertenece al Salvador!

En el Antiguo Testamento leemos que Dios dijo acerca de Job, que era "perfecto y recto, que temía a Dios y evitaba el mal". Sin embargo, Dios permitió que Satanás despojara a Job de todo en su vida, aún de su salud. Incluso se llevó a toda su familia, excepto a su esposa.

Los amigos de Job vinieron para ponerlo en aprietos, y continuar con su crítica "útil". Job se defendió a sí mismo como un hombre justo y sin culpa; pero Job sí tenía un problema: ¡Su problema no estaba en la justicia! Su problema se revela cuando Job pregunta: "¿Qué es el Todopoderoso para que le sirvamos? ¿Y qué beneficio obtenemos si le oramos?" (Job 21:15). Los amigos de Job hablaban con gran elocuencia, pero no respondieron a la pregunta. ¡Finalmente, tanto ellos, como Job guardan silencio!...

Entonces Dios habla: *"¿Dónde estabas tú cuando yo fundaba la tierra? Házmelo saber, si tienes inteligencia"* **(Job 38: 4).** Dios le hace varias preguntas que despojan a Job de cualquier orgullo que pudiera tener. Dios le desafía a explicar cómo se creó el universo y cómo está ordenado. El error de Job, "aparentemente", fue su presunción de que los caminos de Dios y su omnipotencia son humanamente comprensibles. Dios reprendió a Job y dio su respuesta más directa a la pregunta anterior de Job: *"¿Qué es el Todopoderoso para que le sirvamos? ¿Y de qué nos aprovecha que oremos a él?"* (Job 21:15 9RVR1960).

Nosotros también necesitamos aprender quién es el Dios Todopoderoso, y quiénes somos nosotros en relación con Él. Entonces y sólo entonces, tendremos un ministerio apropiado como siervos de nuestro

Creador. Necesitamos entender que somos siervos, no más de lo que eran los esclavos con sus amos en los tiempos bíblicos. No necesitamos entender o juzgar todo lo que Dios está haciendo en nuestras vidas. De hecho, no podemos comprender verdaderamente las cosas de Dios. Sus pensamientos están por encima de nuestros pensamientos. Nuestra tarea es simplemente servirle con fe total, con entrega total... y seguir Su Palabra escrita.

El verdadero amor por Dios opera dentro de los límites de la humildad, y se manifiesta en el amor por las personas.

La persona con verdadera humildad bíblica se entregará con sacrificio, para alcanzar a otros para el Señor, y verlos convertirse en instrumentos que Dios pueda usar.

"No mirando cada uno por lo suyo propio, sino cada cual también por lo de otros" **(Filipenses 2:4).**

Los discípulos de Cristo se refirieron a sí mismos como "doulos" (doo'-los = del griego que significa esclavo con un pacto) - "esclavos" de Cristo:

- *"Pablo, siervo de Dios y apóstol de Jesucristo, conforme a la fe de los escogidos de Dios y el conocimiento de la verdad que es según la piedad"* **(Tito 1:1).**

- *"Santiago, siervo de Dios y del Señor Jesucristo"* **(Santiago, 1.1)**

- *"Simón Pedro, siervo y apóstol de Jesucrito"* **(2 Pedro 1.1).**

- *"Judas, siervo de Jesucristo, y hermano de Jacobo"* **(Judas 1:1).**

- Juan en **Apocalipsis 1:1** se llama a sí mismo el *siervo de Cristo*.

En cada caso, la palabra significa "esclavo vinculado" totalmente propiedad y controlado por el Maestro.

Cuando comprendemos que el mensaje que Jesús estaba enseñando a sus discípulos, les dio justo antes de Su crucifixión, y muy cerca de dejar este mundo, éste adquiere un mayor significado: Jesús decía... **para ser mi discípulo, debes servir a los demás y satisfacer sus necesidades. Debes ser humilde a la voluntad de Dios y tomar la actitud y la tarea de un esclavo vinculado,** o sea de un esclavo que aunque haya sido comprado y pagada su libertad, decide quedarse a vivir con su amo.

"Le respondió Simón Pedro: Señor, ¿a quién iremos? Tú tienes palabras de vida eterna" **(Juan 6:68).**

El verdadero amor de Dios se basa en la humildad sincera. Se preocupa más por la otra persona que por sí misma. Busca el beneficio de los demás. ¡La verdadera humildad "sirve"...!

Pablo expresó su temor de ser él y no el Señor quien le usara para predicar Su Palabra, y dijo: *"... golpeo mi cuerpo, y lo pongo en servidumbre; no sea que, habiendo sido heraldo para otros, yo mismo venga a ser eliminado".* (1 Corintios 9:27 RVR1960). Su amor por el Señor y su preocupación por los demás, le hicieron mantenerse fielmente sujeto a la tarea que tenía entre manos.

Pablo sufrió mucho por la causa de Cristo. ¿Por qué? Es normal para el sirviente: Todo lo que Pablo había considerado valioso antes de ser salvo, dijo que ahora lo contaba como "estiércol". *"Y ciertamente, aun estimo todas las cosas como pérdida por la excelencia del conocimiento de Cristo Jesús, mi Señor, por amor del cual lo he perdido todo, y tengo por basura, para ganar a Cristo"* **(Filipenses 3:8RVR1960).** La traducción fiel de la palabra "basura" es "estiércol".

Determine que su misión es estar "obligado como embajador de Dios", sin representarse ni glorificarse a usted mismo, sin preocuparse por usted mismo o sus propias necesidades, ya sea que su ministerio hacia los demás sea apreciado, respetado o incluso reconocido.

"Orando en todo tiempo con toda oración y súplica en el Espíritu, y velando en ello con toda perseverancia y súplica por todos los santos; y por mí, a fin de que al abrir mi boca me sea dada palabra para dar a conocer con denuedo el misterio del evangelio, por el cual soy embajador en cadenas; que con denuedo hable de él, como debo hablar" (Efesios 6:18-20).

CAPITULO 2

* FIDELIDAD

Dios usa personas que son fieles en las cosas pequeñas. Desafortunadamente, muchas personas quieren comenzar a hacer grandes cosas cuando todavía no han conquistado las pequeñas. Quieren empezar a hacer grandes cosas desde el principio. La Biblia dice que Dios elige deliberadamente lo que el mundo desecha, lo que el mundo desprecia, lo que el mundo ve como insignificante e inútil. Toma las cosas que el mundo considera algo, y las reduce a nada. Las cosas que comienzan como nada, Él las levanta y las convierte en algo. Entonces, si pensamos que somos algo, es mejor que tengamos cuidado de cómo nos hemos visto. La Biblia dice que el Señor levanta y derriba; también dice que la piedra que rechazaron los constructores se convirtió en la Piedra Angular Principal...

Lo importante es permanecer fiel donde está, incluso si no es donde quiere estar; y saber que en el tiempo de Dios, Él lo elevará al siguiente nivel. Dios busca nuestra fidelidad en las pequeñas cosas, o en las posiciones consideradas inferiores o bajas. La prueba de su ascenso vendrá en el nivel de su obediencia y su actitud, mientras se desempeña en una posición inferior. Llegará a donde Dios quiere que esté, si sigue siendo fiel a Él.

Un pastor relató la historia de algo que sucedió en su ministerio, cuando contrató a un nuevo ministro para que se uniera a su personal. Asignó al hombre a limpiar los baños como parte de sus deberes en la iglesia, poniendo a prueba su actitud. Le dijo al nuevo miembro del personal "aquí todos trabajamos juntos, ninguno es mejor que el otro y lo hacemos todo para la gloria de Dios".

Cuando Dios me llamó a predicar, supe que batallaría estando en un "mundo de hombres"; pero aprendí rápidamente que si Dios me había llamado,   no importaba el lugar; lo que más importaba es mi fidelidad a Dios y Su llamado a mi vida. Durante los cincuenta años de ministerio, he aprendido que Dios se especializa en hacer en mí lo que la gente dice que no puedo hacer. Mi trabajo es serle fiel, y dejar que Dios me haga avanzar, o esperar que Él saque a otros del camino por el que no me dejan avanzar; y, no preocuparme por aquellos que no creen en mí, o en mi llamado.

Nunca abandone el puesto que le ha sido asignado, a menos que Dios mismo lo remueva o libere de tal asignación.

Nuestra preparación consistirá en estudiar la Palabra, y aprender todo lo que podamos de ella; sin embargo, también debemos estar preparados para el auto sacrificio, y para asimilar algunas lecciones que deben aprenderse con esfuerzo, porque no venimos equipados con conocimientos. Gran parte de nuestra preparación proviene de experiencias, golpes duros y situaciones difíciles, así que no se rinda; sólo sea fiel a Dios, porque nunca sabemos cuándo llegará nuestro gran avance.

SEA FIEL EN LOS TIEMPOS DIFÍCILES Y EN LOS TIEMPOS BUENOS.

Dios bendice a las personas que son fieles en el desierto. Dios espera que sus siervos sean fieles donde Él les coloca. Las personas fieles son confiables, coherentes y firmes. Dios recompensa a las personas que son constantes, a aquellos que Dios les ha llamado a trabajar. En su fidelidad, Dios allana el camino hacia el momento en que la gente trabajará bajo su mando, y recibirá fidelidad a su liderazgo. Si queremos ejercer autoridad, debemos someternos a la autoridad. Debemos aprender a ser fieles y permanecer donde Él nos coloca, mostrando respeto y también siendo obedientes a quienes tienen autoridad sobre nosotros.

- Fueron cuarenta años en los confines del desierto donde Moisés aprendió acerca de la fidelidad. Antes de que Dios lo pusiera a cargo de los pueblos hebreos, fue probado muchas veces. Moisés fue fiel al guiar al pueblo de Dios durante los cuarenta años que estuvieron en el desierto.

- David siguió siendo fiel a Saúl, reconociendo y mostrando respeto a la unción de Dios sobre el rey. Aun habiendo podido darle muerte en varias oportunidades que se le presentaban mientras era perseguido, David no tocó "al ungido de Jehová". A pesar del hecho de que el rey Saúl estaba dispuesto a matarlo, David, pudiendo, no tomó represalias, sino que esperó a que Dios lo liberara.

- Job fue fiel al Señor, a pesar de todas las terribles pruebas que debió atravesar. Imagínense lo difícil que debe haber sido ser fiel, a pesar de que no entendía el porqué tenía que sufrir perdiendo a todos sus hijos, sus bienes y su propia salud.

Parte de mi Ministerio en Guatemala lo pasé por 18 años en Chamelco, haciendo trabajo misionero.

Estábamos construyendo una escuela, y llevamos equipos para participar y recibir orientación sobre la obra misional. Dios trajo un gran avivamiento, y durante 5 años experimentamos la gloria de Dios; pero también experimenté algunas de las pruebas, persecuciones, traiciones y malentendidos más difíciles que podría siquiera imaginar. Le dije a Dios que quería dejarlo todo, y nunca volver a ese lugar. Dios me dijo: "No te rendirás; cuando salgas de este lugar será una victoria, no una derrota".

Me quedé, me llené de la presencia de Dios; y cuando salí unos años después, fue con la gran victoria de haber logrado construir la escuela, alimentar a los pobres, construir casas para las viudas o remodelarlas. ¡Le doy toda la gloria a Dios!... Aprendí cómo Dios usó mi dolor y mi llanto, para llevarme a un lugar más importante en el ministerio, pues consideró que le fui fiel.

Lo que pasé en ese lugar fue fundamental en la formación de mi carácter, y de mi ministerio, hoy.

CAPÍTULO 3
FINANZAS E INTEGRIDAD

Dios es el dueño de todo. *"Porque mío es el mundo y todo lo que contiene"* **(Salmo 50:12).** Esta es una verdad difícil de aceptar para muchas personas, porque desde una perspectiva humana, hemos trabajado para ganar todo lo que tenemos. Sin embargo, no somos dueños de nada, sino los cuidadores, administradores o mayordomos de lo que Dios nos ha confiado para nosotros mismos. Él es la fuente y el dador de nuestro dinero y posesiones.

Para ilustrar lo que sucede cuando olvidamos esta verdad, Jesús contó una parábola acerca de un hombre rico cuya tierra era tan productiva, que tuvo que construir graneros más grandes para almacenarlo todo. Se dijo tontamente a sí mismo: *"Tienes muchos bienes guardados durante muchos años por venir; relájate, come, bebe y diviértete"*. Pero Dios lo reprendió, diciendo: *"¡Necio! Esta misma noche se te pide tu alma; y ahora, ¿quién será el dueño de lo que has preparado?"*. Entonces Jesús concluyó la historia diciendo: *"Así es el hombre que acumula tesoros para sí y no es rico para con Dios"* (Lucas 12: 16-21).

Todos estamos a un solo latido de perder todos nuestros bienes terrenales. Entonces, debemos permanecer atentos ante el Señor para escuchar Su evaluación de nuestras vidas. Ahora es el momento de vivir sabiamente de acuerdo con las instrucciones de Dios. Dios quiere que demos con alegría. Nos muestra la perspectiva de Dios sobre el diezmo. El Señor equiparó la retención de los diezmos y las ofrendas por parte del pueblo con el robo. Entonces les dijo: *"Traed todos los diezmos al alfolí, para que haya alimento en mi casa, y probadme ahora con esto, dice el Señor de los ejércitos, si no os abro las ventanas de los cielos y os derramo una bendición, que no habrá suficiente lugar para recibirla "*

(Malaquías 3:10). Aunque esto se lo dijo a la nación de Israel, las razones de la generosidad todavía se aplican a nosotros hoy.

La promesa de Dios cuando damos:

\- **Su abundancia:** *"Entonces tus graneros se llenarán en abundancia, y tus lagares rebosarán de mosto"* **(Proverbios 3:10).**

\- **Su protección:** *"Y reprenderé al devorador por causa de vosotros, y no destruirá los frutos de vuestra tierra; ni tu vid echará su fruto antes de tiempo en el campo, ha dicho Jehová de los ejércitos"* **(Malaquías 3:11).** Cuando seguimos las pautas de Dios para nuestras finanzas, no tenemos que temer las privaciones, porque Él nos lleva a tomar decisiones financieras sabias, de acuerdo con Su voluntad.

\- **Su generosidad:** El Señor nos da más de lo que esperamos o merecemos: *"Dad, y se os dará; medida buena, apretada, remecida y rebosando darán en* *vuestro regazo, porque con la misma medida con que medís, os volverán a medir"* (Lucas 6:38 RVR1960).

- **Su Suficiencia:** *"Dios puede hacer abundar para con vosotros toda gracia, para que, teniendo siempre todo lo necesario en todas las cosas, abundéis para toda buena obra"* (2 Corintios 9:8).

Nuestra disposición a seguir los principios financieros de Dios es una cuestión de confianza en Su Palabra. Si estamos seguros de que hará lo que ha dicho, seremos generosos, sabiendo que será fiel para suplir nuestras necesidades, cuando le demos una parte de todo lo que nos ha proporcionado. ¡Enseñemos a aquellos que están bajo nuestro ministerio, con nuestro ejemplo!...

PARTE III

LA PALABRA DE DIOS
Y LA ORACIÓN EN LA VIDA
DEL MINISTRO

CAPÍTULO 1

EL PODER DE LA PALABRA DE DIOS

La base de un ministerio exitoso es la Palabra de Dios, y la oración. Al leer la Palabra de Dios, aprendemos a reflexionar y responder a la Verdad de Dios. Incluso sin comprender el significado inmediato del pasaje, la Palabra penetrará en nuestros corazones y mentes. La Palabra de Dios nos cambia. *"Por lo cual, desechando toda inmundicia, y abundancia de malicia, recibid con mansedumbre la Palabra implantada, la cual puede salvar vuestras almas"* (Santiago 1:21- RVR 1960).

El Espíritu Santo usa la Palabra como una herramienta en el proceso de transformación; por su parte, el ministro de Dios necesita estar comprometido con la predicación y enseñanza de la Palabra de Dios, sabiendo que ésta transforma vidas. Vivimos en una época en la que la actitud generalizada es... "Todo se trata de mí". He visto enormes carteles en las carreteras principales que dicen: "Todo se trata de mí". El Evangelio se ha vuelto muy egocéntrico, en lugar de centrado en Cristo. Esta tendencia ha obligado a los predicadores a transmitir mensajes que "hagan que la gente se sienta mejor" en lugar de mensajes que traigan convicción y arrepentimiento.

La gente está ansiosa por escuchar "cómo vivir una vida exitosa y llegar a la cima en 30 días", en lugar de mensajes sobre dejarlo todo en el altar, negarse a sí mismo y tomar la cruz para seguir a Jesús. Si queremos ver un "avivamiento" en las iglesias, debemos tener predicadores comprometidos a traer de regreso la Palabra de Dios, no una versión humanista para hacer que la gente se sienta bien, sino la Palabra de Dios viva, pura, que nos hace derramar lágrimas y doblar las rodillas en actos de humildad y contrición ante el Señor.

LA PALABRA RENOVADORA DE DIOS TRAE LIBERACIÓN

"Dijo entonces Jesús a los judíos que habían creído en él: Si vosotros permaneciereis en mi palabra, seréis verdaderamente mis discípulos; y conoceréis la verdad, y la verdad os hará libres" (Juan 8: 31-32). Las personas a quienes se les está ministrando, no pueden cambiar sin la Palabra. No es por nuestra propia fuerza o habilidad, es por la Palabra del Dios Viviente que la gente cambia. Quien conoce la Palabra de Dios, tiene la herramienta que se necesita para vencer el poder del diablo.

LA PALABRA DE DIOS TRAE LUZ Y VIDA

"Porque la palabra de Dios es viva y eficaz, y más cortante que toda espada de dos filos; y penetra hasta partir el alma y el espíritu, las coyunturas y los tuétanos, y discierne los pensamientos y las intenciones del corazón" (Hebreos 4:12)

Como ministro o líder, su trabajo es ahuyentar la oscuridad de la vida de las personas. Cuando al escuchar la predicación de la Palabra de Dios, las personas toman conciencia de sus pecados, cambian. Necesitamos un avivamiento de arrepentimiento. La cruz necesita ser devuelta a la predicación. Si predica la Palabra de Dios, ¡predique la Cruz! Comprométase con la Palabra de Dios...

LA PALABRA DE DIOS ES UN ARMA PODEROSA

Enseñe a las personas que tienen un arma poderosa en la Palabra de Dios, y cómo usarla. En Efesios 6 se nos enseña que la Palabra de Dios es nuestra armadura para luchar contra las huestes espirituales de maldad; que es la espada de dos filos para el creyente. Cuando enseñemos a las personas a permanecer firmes en la Palabra de Dios, el Espíritu Santo se manifestará en sus vidas, y los hará vencedores... ¡"Más que vencedores"!

Fui muy afortunada de tener una madre espiritual que fue una mentora tremenda; ella me guió hacia la salvación, y luego me enseñó esta misma verdad sobre la Palabra de Dios. Dios hizo una gran reforma en mi corazón cuando le entregué mi vida a Jesús, y lo acepté como mi Señor y Salvador. Mi liberación del poder demoníaco fue un proceso continuo; todavía quedaban muchas montañas por escalar y ríos por cruzar, pero ya no estaba sola en el barco, ahora tenía la determinación para alcanzar mi destino de ser íntegramente una hija de Dios. Ciertamente que debí luchar contra la condena y el miedo; y fue en esta fase del proceso que mi mentora me enseñó que *"Dios no me ha dado un espíritu de cobardía, sino de poder, de amor y de dominio propio"* (2 Timoteo 1:7).

Tuve que aprender a asimilar las Escrituras y creerlas, como si ellas tuvieran mi nombre. *"Si alguno está en Cristo, nueva criatura es, las cosas viejas pasaron. He aquí que todas las cosas son hechas nuevas"* (II Corintios 5:1).

A pesar de mi determinación por creerle a Dios, una noche tuve una experiencia muy real: había ido a mi habitación para dormir, y el diablo comenzó con sus palabras de condena y acusaciones. Algunos días las Escrituras parecían un sueño maravilloso, otros días parecían una realidad. Comprendí entonces que no tenía que vivir por mis sentimientos, sino por la verdad de la Palabra de Dios.

Cuando tenía yo que lidiar con mi miedo y mi condena, mi mentora Nancy siempre enfatizaba este pasaje de las Escrituras: ***"Porque no te ha dado Dios espíritu de temor, sino de poder, de amor y de dominio propio"*** (2Timoteo 1:7). Ella me decía: "Holly, si Dios te ha perdonado, ¿quién eres tú para condenarte a ti misma? ***Si confesamos nuestros pecados, él es fiel y justo para perdonar nuestros pecados y limpiarnos de toda maldad"*** (I Juan 1:9).

Mientras me preparaba para acostarme por la noche, el diablo me dijo: "Realmente no eres salva. Eres mala. Dios nunca te perdonará". Era obvio que las fuerzas demoníacas estaban luchando por mantener un punto de apoyo en mi mente y en mi vida. Sintiéndome incapaz de luchar contra el enemigo por mí misma, rápidamente fui al teléfono para tratar de comunicarme con mi madre espiritual. Llamé, pero la línea estaba ocupada. Mientras caminaba de regreso a mi habitación, el Espíritu Santo me susurró: "UTILIZA MI PALABRA, HAY PODER EN MI PALABRA". Entonces me dije a mí misma... Bueno, ahora voy a ver si esta enseñanza de mi mentora realmente funciona. Pensé en las muchas lecciones que había en la mesa de su cocina, y las Escrituras empezaron a aparecer en mi cabeza... ¡aunque ahora era diferente! Yo estaba acostumbrada a que Nancy, mi mentora, reprendiera al diablo y declarara la Palabra de Dios en mi nombre. Yo era sólo una bebé en el Señor, y dudaba si el diablo reaccionaría obedeciendo como lo hacía con la mujer de Dios.

El poder y la autoridad provienen de la Palabra, el nombre de Jesús y la sangre de Jesús. Al regresar a mi habitación, tomé mi Biblia y descubrí que no tenía nada que ver con Nancy o conmigo, sino con el poder de la Palabra hablada de Dios. De inmediato empecé a decirle al diablo: "Diablo, la Biblia dice: Tú eres un mentiroso y el padre de la mentira" (Juan 8:44); Yo en cambio soy una hija de Dios".

Diablo, ahora le pertenezco a Dios. *"Pero a todos los que le recibieron, les dio el poder de llegar a ser hijos de Dios, a los que creen en su nombre"* (Juan 1:12).

Diablo, ahora le pertenezco a Dios. "Estoy lavado en la sangre de Jesús". *"En quien tenemos redención por su sangre, el perdón de pecados según las riquezas de su gracia"* (Efesios 1:7).

"Diablo, mis pecados se han ido. ¿Qué puede lavar mi pecado?... ¡nada más que la sangre de Jesús!".

Me volví muy consciente de la Presencia del Espíritu Santo, y supe que era Dios dando testimonio de Su Palabra, y que venía en contra de los pensamientos oscuros y las acusaciones del diablo. ***"Para este propósito, apareció el Hijo de Dios para deshacer las obras del diablo"*** (I Juan 3:8). Soy libre, diablo, no tienes ningún derecho legal a permanecer aquí, y declaro que ya no tienes poder sobre mí, porque la Palabra de Dios lo dice.

He estado predicando esta verdad por más de 50 años y continúa siendo verdad, no sólo en mi vida, sino también en la vida de aquellos que escuchan, reciben y actúan según mi mensaje de la Palabra de Dios.

Declarar legalmente las Escrituras

Debemos tener cuidado de declarar las Escrituras legalmente. Permítanme explicar: declarar la Palabra no es una "fórmula de nombrarla y reclamarla"; debe proceder de una intimidad genuina con el Señor. Hay peligros si no operamos desde la intimidad. Esta declaración debe ir acompañada de una vida entregada y comprometida. No me refiero a la perfección, sino a una vida que se lleva en obediencia, abierta a la corrección del Espíritu Santo que nos disciplina y corrige. Hay una autoridad que proviene de la intimidad genuina con el Señor.

Insisto en que no hay perfección en nosotros los creyentes. El mismo apóstol Pablo, quien declaraba que *"Ya no vivo yo, sino Cristo vive en mi"*, a la vez decía: ***"Porque no hago el bien que quiero, sino el mal que no quiero, eso hago. Y si hago lo que no quiero, ya no lo hago yo, sino el pecado que mora en mí. Así que, queriendo yo hacer el bien, hallo esta ley: que el mal está en mí. Porque según el hombre interior, me deleito en la ley de Dios; pero veo otra ley en mis miembros, que se rebela contra la ley de mi mente, y que me lleva cautivo a la ley del pecado que está en mis miembros. !!Miserable de mí! ¿Quién me librará de este cuerpo de muerte? Gracias doy a Dios, por Jesucristo Señor nuestro. Así que, yo mismo con la mente sirvo a la ley de Dios, mas con la carne a la ley del pecado"*** (Romanos 7:19 - 25).

En el capítulo 19 de Hechos se nos narra sobre los hijos de un tal Esceva, judío, jefe de los sacerdotes. Eran seis hijos. Aquí encontramos los resultados de usar una fórmula sin tener la autoridad genuina. Era un grupo de los llamados "exorcistas" judíos que intentan usar el nombre de Jesús. Eran imitadores profesionales y dijeron: "Te conjuro por el Jesús que Pablo proclama". Estos fueron desafiados por el espíritu maligno que les respondió: "Conozco a Jesús y conozco a Pablo, pero ustedes ¿quiénes son?".

Los exorcistas no esperaban esos resultados; pero habían entrado en una batalla para la que no estaban autorizados, ni preparados. En consecuencia, los espíritus malignos los destrozaron dándoles una paliza, hasta que huyeron desnudos y heridos.

Su éxito en el ministerio dependerá de su vida en intimidad con Dios, que se manifestará en victoria tras victoria.

Usted puede tener un doctorado, o un título que pueda ondear como un estandarte ante la gente, para mostrar su dominio intelectual; pero su éxito en el ministerio dependerá de su vida de intimidad con Dios, y de cuánto se deje guiar por el Espíritu Santo, lo cual se manifestará en victoria tras victoria... "Por sus obras os conoceréis" y "Por su boca hablará su espíritu".

CAPITULO 2
MEMORIZANDO
LA PALABRA DE DIOS
"Llene su mente con las cosas que son buenas"
(Filipenses 4: 8).

Sabemos que ese es el punto de la memorización. Le estamos dando a nuestra mente algo para masticar, y le estamos dando a Dios oportunidades para que la Palabra de Dios cobre vida en nosotros. Leer la Palabra de Dios nos abre al Espíritu, nos hace tener hambre por Él.

La Palabra de Dios, y la renovación constante en nuestra mente, nos ayudan a no permitir que las filosofías del mundo nos aprieten con el pensamiento mundano. Como ministros, es de suma importancia que protejamos nuestras mentes de las filosofías de este mundo, y cultivemos una mente que sea renovada, restaurada y constantemente alineada con la Palabra de

Dios, por el Espíritu de Dios. Lo mejor que podemos hacer por las personas en este mundo enfermo de pecado, es llevarles la Palabra de Cristo a sus corazones.

Olvidar es una ayuda para la memorización de las Escrituras.

En general, el olvido se considera malo, pero tiene sus beneficios. Olvidar es un activo valioso para recordar únicamente lo que es deseable. Una memoria bien entrenada es aquella que le permite olvidar todo lo que no vale la pena recordar.

¿Y cuál es el secreto para poder olvidar?

No repita, identifique, relea o reconsidere material sin importancia que haya escuchado o leído, y no le dé una segunda oportunidad en su memoria, de modo que se diluyan en el proceso de recordar. Esto es de vital importancia. La información sin valor, las trivialidades y los hechos irrelevantes, sin sentido, que fluyen continuamente al cerebro a través de los sentidos, son un gran obstáculo para recordar cosas que sí son deseables. Todo este desorden inútil que causa lo irrelevante, reduce el poder de su memoria, y crea una interferencia con la retención de las cosas que desea recordar. *"Examinadlo todo; retened lo bueno. Absteneos de toda especie de mal"* (1 Tesalonicenses 5:21-21).

La meditación de la Palabra debe ir antes que la memorización. Memorizar las Escrituras sin el valioso ejercicio de la meditación, es como comer alimentos sin digerirlos.

A través de la meditación de la Palabra, permitimos que nuestra mente se sature con pensamientos santos, y que el corazón esté motivado con afectos santos. Las Escrituras se almacenan en nuestra memoria y, cuando es necesario, el Espíritu Santo las recuerda. Vemos el cumplimiento del rol del Espíritu Santo en la tierra: *"Él les enseñará todas las cosas, y les recordará todo lo que les he dicho"* (Juan 14:26).

Según Romanos 12:2, mantener las Escrituras en nuestra mente, nos ayudará a recibir la transformación espiritual del Dios Todopoderoso: *"No se amolden a este mundo, sino sean transformados por la renovación de su mente..."*

1. Memorizar las Escrituras ayuda contra la tentación.

La armadura de Dios en Efesios 6:10-20 sólo menciona un arma ofensiva: "la espada del Espíritu, que es la Palabra de Dios". Las Escrituras son un arma poderosa para eliminar las palabras engañosas, y recordarnos las preciosas y poderosas promesas que Dios nos ha hecho.

Cuando el diablo tentó a Jesús en el desierto, Jesús blandió la espada del Espíritu y el diablo huyó (Mateo 4:1-11). ¡La Palabra tiene poder! Si estás luchando contra un pecado específico, guarda la Palabra de Dios en tu corazón, para que te ayude a superar la tentación (Salmo 119: 11).

2. Memorizar las Escrituras nos ayuda a vivir en obediencia.

"¿Con qué limpiará el joven su camino? Con guardar tu palabra" (Salmo 119: 9).

Memorizar las Escrituras y meditar en ellas es un método preventivo para evitar la tentación, porque al estar la Palabra de Dios fresca en nuestra mente, con más facilidad evitaremos la tentación.

3. Memorizar las Escrituras traerá la bendición de Dios a nuestras vidas.

En la Biblia, varias veces Dios conecta su bendición con una meditación continua en su Palabra. Considere Josué 1:8... Este libro de la ley no se apartará de su boca, sino que meditará en él día y noche, para que tenga cuidado de hacer conforme a todo lo que está escrito en él. *"Porque entonces harás prosperar tu camino y tendrás éxito"*.

El Salmo 1 también describe como bienaventurado a un hombre que se deleita en la Palabra de Dios. De ello se deduce lógicamente, que si en realidad nos deleitamos en la Palabra, pensaremos tanto en ella, que se fusionará en nuestra memoria.

La bendición que viene, no es necesariamente salud, riqueza o prosperidad, sino que será algo mucho más grande: vitalidad espiritual, profunda esperanza y mayor comunión con el Creador del Universo y el "Amante de tu alma" como dice el libro de Cantares.

4. Memorizar las Escrituras nos permite animar más fácilmente a los creyentes.

Uno de los propósitos declarados de las Escrituras es animarnos y darnos esperanza (Romanos 15: 4). Por esta razón, Pablo exhorta en 1 Tesalonicenses 4:18 a estar listos para animar a otros creyentes, con la verdad. Cuando tenemos versículos y pasajes listos, podemos edificar más fácilmente a otros creyentes en la verdad.

Este punto es especialmente relevante para los pastores. Escuché la historia de un pastor que olvidó su Biblia durante una visita al hospital, y fue puesto en aprietos para compartir algo de la Palabra de Dios. El pastor se quedó paralizado, sin haber memorizado por completo ningún pasaje. ¡No dejemos que eso nos suceda!

5. Memorizar las Escrituras nos permite compartir mejor con los incrédulos.

En 1 Pedro 3:15 se nos insta a estar siempre listos para defender nuestra esperanza en Cristo. Debemos memorizar las Escrituras para que podamos guiar a los incrédulos a través del mensaje de salvación, y ayudarlos a comprender su pecado, y la necesidad de un Salvador. Hablar las palabras de Dios en lugar de las nuestras, le dará a nuestro mensaje más autoridad y aprovechará el poder que está en la Palabra de Dios (Isaías 55:11; Hebreos 4:12; Jeremías 23:29).

6. Memorizar las Escrituras nos da una mejor comprensión de Dios y Su voluntad.

Cuando conocemos la Palabra de Dios y la obedecemos, podemos sentir a Dios a un nivel más profundo, y experimentar la libertad que viene sólo a través de la obediencia (Juan 8:31-32, 14:21).

Cuanto más conocemos a Dios, más profundamente conocemos Su voluntad para con nosotros. Romanos 12:2 dice que cuando renovamos nuestra mente y somos transformados, somos capaces de "discernir cuál es la voluntad de Dios, la que es buena, agradable y perfecta". ¿Qué cristiano no quiere una mejor comprensión de Dios y su perfecta voluntad?

7. Memorizar las Escrituras nos hace sabios.

La Biblia es un libro de tremenda sabiduría, que puede tener un impacto en todos los aspectos de nuestra vida. Al memorizar las Escrituras, poseemos sabiduría en todo momento. Lucas 2:52 dice que incluso Jesús creció en sabiduría durante su vida terrenal. ¿Por qué no deberíamos hacer lo mismo?

Hombre o mujer de Dios, haga de la Biblia su tesoro supremo. Ya sean unos pocos versículos, pasajes más largos o libros completos, no hay, ni habrá mejor inversión de su tiempo, que esconder la Palabra de Dios en su corazón. Sin esta concentración en la Palabra de Dios, no puede tener un ministerio fructífero y exitoso.

Satanás sabe cuán poderosa es la Palabra de Dios y los resultados espirituales que produce, cuando se le permite echar raíces en la buena tierra del corazón y mente; por eso recurre a muchos métodos, en un esfuerzo por quitar la Palabra de Dios de la mente. La Palabra nos recordará sobre los "afanes de esta vida"; hará que todos nos preocupemos por el "engaño de las riquezas" y "los placeres de esta vida". En la parábola en Lucas 8:11-15, Jesús trató de enfatizar cuán sumamente necesario es para el creyente mantener la Palabra en la memoria, pensar en ella, meditar en ella, retenerla y permitir que **"lleve, produzca frutos con paciencia"**.

CAPÍTULO 3
DECLARANDO
LA PALABRA DE DIOS

Declarar la Palabra de Dios con la boca pone en acción el poder de la fe. Por ejemplo: **"por gracia sois salvos, POR FE..."** (Efesios 2:8). ¿Cómo liberamos esa fe salvadora?: *"Si confesares con tu boca que Jesús es el Señor, y creyeres en tu corazón que Dios le levantó de los muertos, serás salvo. Porque con el corazón se cree para justicia; y con la boca se confiesa para salvación"* (Romanos 10: 9-10).

Entonces, la fe se libera para salvación cuando declaramos con nuestra boca lo que creemos en nuestro corazón. Esta es una ilustración perfecta de cómo desbloquear nuestra fe, al declarar la Palabra de Dios que creemos con nuestro corazón. Esto es cierto no sólo para la promesa de salvación, sino para cada promesa de Dios. La forma en que recibimos cualquier promesa de Dios es por fe. Esa fe se desarrolla en nuestro corazón y se desbloquea al declararla con nuestra boca.

Jesús nos dice cómo liberar nuestra fe. *"Y respondiendo Jesús, les dijo: Tened fe en Dios. Porque de cierto os digo que cualquiera que diga a este monte: Muévete y échate en el mar; y no dudará en su corazón, sino que creyere que se sucederán las cosas que él dice; tendrá todo lo que diga. Por tanto, os digo que todo lo que deseéis, cuando oréis, creed que lo recibiréis, y lo tendréis"* (Marcos 11: 22-24). Note que Jesús menciona "creer" dos veces, pero "decir" cuatro veces. Ambos son importantes, pero Él enfatiza cuatro veces la parte de "hablar".

"También declararás una cosa, y te será establecida"; (Job 22:28). Eso es poderoso. Declarar significa simplemente hablar, decir en voz alta, con énfasis. ¿Qué vamos a declarar? ¡La Palabra de Dios

que creemos en nuestro corazón! La Palabra hablada tiene gran poder e influencia. Jesús, cuando fue tentado por el diablo, venció hablando la Palabra. Dijo: **"Escrito está..."** LAS PALABRAS QUE HABLAMOS SON EXTREMADAMENTE IMPORTANTES. **"La muerte y la vida están en poder de la lengua"** (Proverbios 18:21).

CAPÍTULO 4
ORACIÓN EN LA VIDA DEL LÍDER Y MINISTRO

"Se puede esperar un avivamiento cuando los cristianos tienen el espíritu de oración por un avivamiento"
(Charles G. Finney)

Uno de los problemas de la Iglesia moderna es que los predicadores no se dedican a la oración. El predicador que se regocija por la alabanza humana, por su predicación, se hundirá bajo la crítica humana. Este proceso es el trabajo de la carne. El siervo de Dios que ha recibido su mensaje del cielo se alegrará después de predicar, porque ha sido obediente y ni siquiera las críticas lo sacudirán, porque sabe que ha agradado al Señor. Somos siervos de Dios y no la herramienta de los hombres. El Espíritu mismo da testimonio de la aprobación, Dios dice: "No sirviendo a los ojos, como agrada a los hombres; pero...

Haciendo la voluntad de Dios de corazón". ¡Qué pobreza hay en la Iglesia de hoy! y es por la falta de una oración poderosa y ungida. ¡Qué asombrosa riqueza y poder de Dios, pero que no abunda en la Iglesia, debido a la falta de oración poderosa! Debemos enseñar a las personas cómo orar y demostrarles el poder de una vida de oración.

La iglesia primitiva oró; cada iglesia de avivamiento ha orado. Antes del derramamiento de Pensacola, el pastor Kilpatrick llamó a la iglesia a orar, cambiando el servicio del domingo por la noche en un servicio de oración. En dos años, en el Día del Padre en 1995, el Espíritu Santo entró en su servicio dominical cuando Steve Hill estaba predicando.

"La única razón por la que no tenemos avivamiento es porque estamos dispuestos a vivir sin él" **Leonard Ravenhill.**

"Si se humillare mi pueblo, sobre el cual mi nombre es invocado, y oraren, y buscaren mi rostro, y se convirtieren de sus malos caminos; entonces yo oiré desde los cielos, y perdonaré sus pecados, y sanaré su tierra" (2 Crónicas 7:14).

"El pastor que no está orando está jugando. La gente que no está orando se está desviando. Tenemos muchos organizadores, pero pocos agonizadores; muchos jugadores y pagadores, pocas oraciones; muchos cantantes, pocos "clingers*; muchos pastores, pocos luchadores; muchos miedos, pocas lágrimas; mucha moda, poca pasión, muchos entrometidos, pocos intercesores; muchos escritores, pero pocos luchadores. Si fallamos aquí, fallamos en todas partes".

Leonard Ravenhill
(*Que creen que todo está bien, aunque otros opinen lo contrario).

Lo que llevó el poder de Dios a fuentes de gigantes espirituales como Wesley, Luther, Finney y Moody en el pasado, todavía funciona para traer avivamiento hoy. La cantidad de títulos que usted tenga, no puede competir con el poder de la oración. *"Acércate a Dios y Él se acercará a ti"* (Santiago 4:8). Esta promesa no está condicionada por sus habilidades educativas o su ocupación o herencia; es para todos los que estén lo suficientemente hambrientos como para entrar en Su Presencia, y permanecer allí, hasta que escuchen desde el cielo. Para ver el tipo de resultados que Estados Unidos y nuestras iglesias precisan ver, se necesitará un incentivo de oración personal y corporativo organizado.

Nuestra teología puede decir una cosa, pero nuestra experiencia real muchas veces la niega. Necesitamos un avivamiento que sólo la oración puede traer y sostener. Las iglesias tienen carteles que dicen ser pentecostales, pero cuando se asiste a sus servicios, muchas veces sus estantes están vacíos. La iglesia no tiene el poder del que habla y canta. La iglesia está luchando por sobrevivir en su actual estado de apatía. Las reuniones de oración son los servicios con menos asistencia, incluso en iglesias más grandes. Prediqué durante varios servicios nocturnos en una iglesia de 3.000 personas en San

Salvador. Me invitaron a la reunión de oración de la mañana, y fui con mucho entusiasmo, ya que mi expectativa era encontrarme con una buena asistencia. Me sorprendió y decepcionó que aparecieran menos del diez por ciento.

Siempre es obvio: cuando hay pasión, cuando la gente ora con entrega total, la oración apasionada trae un mover de Dios. No podemos acercarnos a Dios de una manera perezosa, ni siquiera orando con fervor. Si somos apasionados, somos fervientes en la oración. *"La oración ferviente y eficaz del justo vale mucho"* (Santiago 5:16).

Santiago indica aquí, que no debemos simplemente seguir los movimientos de un tipo de oración ritualista. Ver las oraciones contestadas, requiere orar con pasión e intensidad. Pero no sólo la pasión, sino también enfatiza en que las oraciones de una persona justa son las más poderosas, porque brindan respuestas. Santiago menciona otro aspecto importante de la oración de calidad en la primera parte de ese mismo versículo 5:16 donde dice, *"confiesen sus faltas unos a otros"*.

La Biblia nos da ejemplos repetidos de cómo Dios respondió la oración, lo cual debería ser una motivación para que el creyente, el ministro o el líder oren. Una de mis ilustraciones favoritas de Dios respondiendo a la oración de la iglesia, se encuentra en Hechos 12:1-19. Hay un ejemplo de las fervientes oraciones de Su pueblo, y nos muestra cómo nosotros también podemos orar con eficacia: Cuando el rey Herodes maltrató a los creyentes en Jerusalén y mandó ejecutar a Santiago, vio que agradaba a los judíos, muchos de los cuales odiaban a los cristianos y los consideraban una secta. Por lo tanto, decidió encarcelar a Pedro y asignar cuatro escuadrones de soldados para resguardarlo. El versículo 5 resume la situación. *"Así que, Pedro estaba en la cárcel, pero la iglesia hacía oración ferviente a Dios por él"*.

Desde una perspectiva humana no había esperanzas. Ya estaba programada su ejecución   para el día siguiente. Pero un ángel apareció en la celda de la cárcel, despertó a Pedro y le dijo que lo siguiera rápidamente. Inmediatamente sus cadenas se cayeron, y mientras seguía al ángel pasando la primera y la segunda guardia, la puerta de hierro se abrió por sí sola. Pedro se encontró en una calle, donde el ángel desapareció de repente. Luego se dio cuenta de que no se trataba de una visión, sino de que Dios lo había rescatado...

Esto era humanamente imposible, pero el poder de la oración lo liberó y rompió las cadenas que lo mantenían cautivo. Cuando Pedro llegó a la casa de María y llamó a la puerta, la sirvienta se sorprendió de tal manera, que volvió corriendo a la casa, sin dejarlo entrar. La prisión se estremeció, pero la gente que estaba orando también se estremeció. Su ministerio requerirá que vea este tipo de sacudida. La oración de avivamiento sacudirá la casa espiritualmente para que esté libre de los métodos e ideas del hombre de "cómo hacer la iglesia".

Estoy cansada de la versión humana de la Iglesia. He visto lo que puede suceder cuando Dios aparezca: no estará satisfecho con la religión organizada, incluso si es la religión organizada pentecostal...

En cuanto a mí, me liberé de seguir una rutina, cantar algunas canciones, escuchar un aburrido sermón empaquetado en lugar de un mensaje del corazón de Dios con pasión y fuego.

Antes de ministrar, ore fervientemente para que Dios despierte a la Iglesia, y los haga hambrientos de avivamiento... sólo entonces los sacudirá interrumpiendo el programa bien planeado. Una vez que haya probado la realidad de la Presencia manifiesta de Dios, y lo que puede suceder no sólo en su iglesia o ministerio, sino en su vida, familia y comunidades, se arruinará lo ordinario.

Decida que se va a prender el fuego del Espíritu Santo; sea un iniciador de ese fuego, rompa el molde y salga del tarareo didáctico línea por línea de la aburrida rutina religiosa, y reclame a Dios lo que promete Su

Palabra: *"Clama a mí, y yo te responderé, y te enseñaré cosas grandes y ocultas que tu no conoces"* (Jeremías 33:3 - RVR60)

La oración ferviente está motivada por una profunda preocupación y una carga que pesa, pero que se ofrece con entusiasmo, sentimiento y fe. Esta no es una lista casual de peticiones, sino una oración que fluye con espontaneidad desde el corazón.

¡Oh! ¡Una hora con Dios excede infinitamente todos los placeres y deleites de este mundo inferior! David Brainerd

---

Cuando experimenté un nuevo encuentro con el Espíritu Santo en Brownsville, el avivamiento de Dios literalmente transformó mi vida y ministerio y la forma de orar. Mi vida de oración se aceleró. Antes del avivamiento, mi vida de oración era aburrida y religiosa, carecía de poder. Seguía una lista de necesidades y dedicaba el tiempo de oración a presentar esas necesidades. Pensé que estaba siendo bíblica y obediente. Sin embargo, después del avivamiento y la nueva impartición del Espíritu Santo, realmente hubo vida en mis oraciones. Se convirtió más en una relación, comunión y compañerismo con el Espíritu Santo, en lugar de simplemente pasar por una larga lista de necesidades. Ahora estaba motivada por mi amor renovado por Jesús, y por mi deseo de pasar tiempo con Él, en lugar de pasar por algún tipo de retórica religiosa. En pocas palabras, avivamiento es intimidad renovada con Jesucristo.

Parece haber una mentalidad de microondas de alta tecnología en la Iglesia de hoy. La palabra "espera" es como un idioma extranjero. Incluso prometemos y anunciamos que los sacaremos a las 12 p.m. ¿Y si Dios tiene otro plan? Colocamos todo en un segmento de tiempo... ¡y Dios nos ayude si tenemos que "esperar"!

La oración nos permite construir una relación personal, mientras nos comunicamos con nuestro Salvador y hablamos con el "Amante de mi alma".

En este proceso, aprendí la importancia de perseverar en la oración. Eso significa no ceder ni rendirse. Si rasgamos nuestros corazones, Dios rasgará el cielo. Hay un avivamiento en muchas partes de China, porque en las últimas décadas los cristianos chinos han buscado al Señor, fervientemente. La oración toma tiempo, pero es la clave para tener un mover de Dios en nuestra vida, iglesia y ministerio.

Las oraciones de un hombre justo impactaron a una nación, cuando Elías - de quien Santiago 5:7 dice que era "un hombre como nosotros" - se aferró a Dios, y oró, y persistió pidiéndole, con sinceridad, que no lloviera, y así fue. ¡No llovió durante tres años y medio!... Repito, las oraciones de un hombre justo, literalmente impactaron a toda la nación.

Querido ministro de Dios, no se deje atrapar por "servir mesas" en vez de orar; de lo contrario, se enfrentará a ser un fracaso. Dios tiene algo mejor para usted, si acepta el desafío.

PARTE IV
EL FAVOR DE DIOS

CAPÍTULO 1
APROBADO POR DIOS

La mejor definición de la palabra "favor" es "deleite demostrado". El favor de Dios se puede describir como "evidencia tangible de que una persona tiene la aprobación del Señor".

La Biblia nos dice que podemos experimentar el favor de Dios de maneras muy prácticas. ***"Porque tú, Señor, bendecirás al justo; con favor, lo rodearás como con un escudo"*** (Salmo 5:12). La palabra "favor" significa: 1) aprobar o apoyar, 2) facilitar o ayudar, 3) ventaja, beneficio, preferencia. ¡Qué pensamiento tan asombroso que el Dios de la Creación quiera "favorecernos" y protegernos con Sus bendiciones y guía! Que quiera abrir puertas, conectarnos con personas claves, y ayudarnos a cumplir nuestro destino...

Posicional vs. Experiencial

Al examinar el tema del favor de Dios, es importante diferenciar entre favor "posicional" y "experiencial". La Biblia enseña que en Cristo ya somos bendecidos. En Cristo, *"has sido bendecido con todas las bendiciones espirituales en los lugares celestiales"* (Efesios 1: 3). Es importante darnos cuenta de que, desde el punto de vista de Dios, ya tenemos Su favor y bendición. ¡Qué maravilloso punto de partida! Podemos contar con este hecho, no por nuestra bondad, sino por lo que Jesús hizo por nosotros. Su sacrificio pagó el precio.

También hay a considerar un "lado experiencial" de las cosas. El hecho de que algo sea prometido o declarado en la Biblia, no significa que usted lo experimentará automáticamente. He visto a algunos cristianos tratar de reclamar el favor de Dios mientras son perezosos, llegan tarde al trabajo, están amargados por algún evento pasado y, en general, caminan en la carne. La Biblia enseña que caminar en la carne acortará las bendiciones de Dios. *"Porque el que siembra para su carne, de la carne segará corrupción; pero el que siembra para el Espíritu, vida eterna cosecha"* (Gálatas 6:8).

La prosperidad es, ante todo, quienes somos en el "interior" (en mente, corazón y carácter), y no lo que tenemos en el exterior. Dios ya nos ve como ganadores.

Si usted es una persona próspera por dentro, es sólo cuestión de tiempo hasta que vea que las cosas cambian por fuera (si se niega a rendirse). Aférrese a su fe. El lado experiencial del favor de Dios está vinculado a cómo respondemos a las adversidades, reveses, ofensas y tentaciones. ¡Siga confiando en Dios!

El principio de "obrar como para el Señor" activa el favor y la bendición de Dios. Es la forma en que puede expresar su fe todos los días. Cuando usted "trabaja como para el Señor en todo lo que hace", el favor de Dios se activa. Con el tiempo, el favor de Dios lo guiará, abrirá las puertas correctas y lo conectará con personas clave. Cuando Dios nos promueve, de

manera sobrenatural tenemos más recursos
disponibles.

---

*La prueba del favor es que permanezca humilde,
dando toda la gloria a Dios, manteniendo la
actitud correcta durante las pruebas. Sobre
todo, mantenga la intimidad con el Espíritu
Santo, y tenga cuidado de confesar cada ofensa
diaria que haya cometido y ofendido al Espíritu
Santo.*

Como hombre o mujer de Dios, dedicado a Su servicio,
es importante "permanecer en la vid" y estar resuelto a
"trabajar como para Cristo", no actuar por el bien, sólo
por ser vistos. No dé lugar al "servicio visual" (lea Juan
15:1-8).

Ponga su fe en la capacidad de Dios para hacer que su
ministerio sea fructífero, exitoso y próspero,
recordando que Dios quiere que tenga todos los

recursos, herramientas y mano de obra que necesita para ejercer su ministerio. *"Y todo lo que hagáis, hacedlo de todo tu corazón, como para el Señor y no para los hombres, sabiendo que del Señor recibiréis la recompensa de la herencia, porque a Cristo el Señor servís"* (Colosenses 3:23,24 RVR60).

CAPITULO 2

FAVOR, EL BESO DE DIOS

"De más estima es el buen nombre que las muchas riquezas, Y la buena fama más que la plata y el oro"
(Proverbios 22:1 RVR60)

"Si Dios puede confiar en ti, tienes favor y si tienes favor, tienes acceso".

Cuando el rostro de Dios brilla sobre nosotros y nuestro ministerio, Dios nos da favor, o me gusta llamarlo "el Beso de Dios".

Después de que Dios cambió drásticamente mi vida y mi ministerio en el avivamiento de Brownsville en 1997, y me enseñó acerca de la intimidad como la puerta de entrada a Su presencia, sentí el favor de Dios en mi vida, y sentí efectivamente como si fuera un "beso de Dios". Dios comenzó a abrirme puertas de oportunidad, y me dio el acceso que antes no tenía. Fue entonces cuando me enseñó: "Si Dios puede confiar en mí, tengo favor, y si tengo favor, tengo acceso".

Comencé a ver Su bendición en cada área de mi vida. Cualquier cosa que hacía y dondequiera que fuera, Dios obraba con Su favor para hacer cosas de manera sobrenatural, de modo que comencé a caminar en un reino al que no estaba acostumbrada antes. Sin embargo, Dios me recordó que siempre le debía dar toda la gloria y el honor, y no permitirme enorgullecerme por ello.

La bendición siempre va de la mano con el favor. Cuando el favor de Dios esté en su vida y ministerio, le sucederán cosas maravillosas a usted. El favor le llevará a donde nada más puede llevarle. Abrió las puertas y estableció relaciones en el ministerio que bendijo poderosamente en mi vida. Con Su favor, también me dio una autoridad que Dios ha usado para bendecir mi ministerio y la obra misionera que estoy haciendo. Cuando promuevo la visión de nuestro trabajo en la construcción del Centro de Avivamiento en Guatemala, Dios trae milagrosamente los fondos, provocando el favor de las personas que usa para ayudar al Ministerio.

¿PUEDE DIOS CONFIAR EN TI CON FAVOR?
EJEMPLOS DE FAVOR:

MARÍA

Dios no favoreció a María porque era virgen; lo especial de María no era su virginidad. Dios favoreció a María porque podía confiar en ella. Podía confiar en ella con favores. De hecho, el ángel de la anunciación la saludó diciendo: ¡"Salve muy favorecida!"

¿Puede Dios confiarle un favor? ¿Puede confiarle la responsabilidad de ser el primero de su especie? ¿Puede Él posicionar y orquestar su vida, de tal manera que lo lleve a áreas donde otros no han ido, sin que usted se vuelva egoísta por haber recibido un trato preferencial? La clave aquí es **FAVOR, CONFIANZA Y ACCESO**. Todos son intercambiables.

Si se puede confiar en usted, tiene favor
y si tiene favor, tiene acceso.

Cuando tiene un favor, usted obtiene las llaves del auto en el que llevan el dinero para hacer los pagos. Tiene la oportunidad de conducir ese coche, simplemente porque tiene un favor.

Esto es lo que el Señor quiere cuando dice: "Te daré casas que no construiste y viñedos que no cultivaste. Dejaré que alguien haga el trabajo y luego te besaré con mi favor y te lo daré. Te enviaré a un campo donde otros han estado recolectando y haré que te den un puñado a propósito". Usted ni siquiera tiene que esforzarse para conseguirlo, ¡todo lo que tiene que hacer es agacharse y recogerlo, porque es muy favorecido!...

LOS DESAFÍOS DE LOS LLAMADOS

ESTER

Donde hay favor, tenemos acceso y podemos entrar como Ester ante el rey, sin previo permiso, porque el cetro real se ha extendido en nuestra dirección, y tenemos la libertad de pedir lo que necesitamos, y recibir lo que con generosidad da un rey enamorado. Podemos entrar, porque tenemos el favor. Pero entienda que el favor se basa en la confianza. Se le da las llaves, porque se confía en usted. Si usted viola la confianza, viola el favor, y si viola el favor... ¡devuelva las llaves del auto!

Para mantener el favor, lo importante es honrar algunos principios básicos de CONFIANZA, porque la "confianza" es una condición fundamental que nos permite caminar y tener acceso a semejante privilegio.

RAQUEL Y JACOB

Jacob estaba enamorado de Raquel y dijo: *"Trabajaré para ti siete años a cambio de tu hija menor, Rachel"* (Génesis 29:18). Raquel era una mujer hermosa que había impresionado e inspirado

137

tanto a Jacob, que estuvo dispuesto a trabajar 14 años para conseguir que fuera su esposa. Ella era muy hermosa, y Jacob estaba muy decidido a tenerla. Después de siete años de trabajar para su suegro, quien le había concedido a Lea, la hija mayor, Jacob trabajó otros siete años, para conseguir a Raquel.

Raquel, a pesar de su belleza, comenzó a sentirse frustrada, al percibir que era hermosa ¡pero no "favorecida"! La belleza y el favor no son lo mismo. Y la Biblia habla de cuando el Señor vio cómo Lea era despreciada. ¡Dios la amó, la bendijo y la favoreció! Él la compensó.

Dios tiene una forma de compensarte cuando a la gente no le agradas. Tiene una forma de darte el doble por tus molestias.

Lea comenzó a ser tan bendecida, porque descubrió que el favor no tiene nada que ver con la belleza. Y, en consecuencia, entró en un reino de favor que intimidó la disposición más excelente y exquisita de Raquel, al punto que Raquel se intimida ante Lea, y clama a Dios: "Señor, dame un hijo, no sea que muera". Señor, estás bendiciendo a esta mujer tan poderosamente, que sólo desearía poder ser bendecida como ella. Y la Biblia dice que cuando Raquel halló gracia ante los ojos del Señor, quedó milagrosamente embarazada de un bebé.

Dios abrió el útero de Raquel y estaba embarazada de un bebé llamado José. El favor de Dios hizo que José saltara dentro del útero que estaba muerto, pero que había sido vivificado por Favor... ¡el Beso de Dios!

JUAN

El favor y la intimidad están conectados de manera única, como vemos con Juan y la relación especial que tenía con Jesús. Los teólogos creen que Juan era el escudero de Jesús, o la persona a quien acudir para acercarse al Maestro. Él fue quien prestó más atención a "Su persona", mientras que otros prestaron mayor atención a "Sus propósitos". En otras palabras, Jesús tenía un "siervo especial", un asistente de Su ministerio que estaba comprometido a hacer que sucedieran las cosas para Jesús, preparándole el camino.

El favor y la intimidad están conectados de forma única.

Hay varios pasajes de las Escrituras que se refieren al "discípulo a quien Jesús amaba", lo que indica una relación especial e íntima. Un ejemplo es al pie de la cruz, cuando Juan escuchó a Jesús decirle a su madre: "Mujer, ahí tienes a tu hijo". Y luego le dijo a Juan: "He ahí a tu madre".

Hombre o mujer de Dios, busca a "Su Persona", tómate el tiempo para recostarte en Su seno, y te encontrarás muy favorecido.

JOSÉ

El favor también trae persecución y malentendidos, y es por eso que Dios necesita en quien confiar con favor.

El favor requiere responsabilidad.

Cuando las personas resienten su favor, se vuelven críticas e irrumpen en su comportamiento contra usted, es importante que acepte su inmadurez, porque es parte de su responsabilidad al ser favorecido. Si Dios puede confiarle su favor, entonces se comportará correctamente incluso en medio de la controversia. A medida que crezca en el favor, no dependerá tanto de la aprobación de los demás. Antes de que en su ministerio todo pueda ser liberado - porque usted tiene el favor - Dios debe "destetarlo" de su sistema de apoyo. Eventualmente aprenderá que si tiene favor, nadie puede hacerle nada; ¡pero esa resistencia lo convertirá en un testimonio para la gloria de Dios!

Cuando José obtiene el favor por primera vez, no sabe qué hacer con él. Cuando José comienza a caminar en el favor de Dios, maneja el favor como un niño. No tenía la discreción ni el discernimiento para hablar o no hablar. A veces, cuando eres favorecido, debes guardar silencio. Tienes que callar.

Moisés fue favorecido para ser un líder en Israel, y su madre lo escondió. Aunque estuvo escondido, no fue olvidado, Dios lo sacó de su escondite, dice la Biblia, cuando el Señor quiso. Recuerde, Dios sabe dónde está y le traerá a la vanguardia cuando sea su momento. A veces tiene que saber que es un favorito, pero no es su momento. Cuando su ministerio parezca estar estancado, sólo recuerde: Dios sabe dónde se encuentra.

Cuando niño, José actuaba y pensaba como tal, compartió su visión con sus hermanos y esperaba su favor, pero ellos lo odiaron y lo envidiaron; pero incluso ese odio fue un instrumento. Puede que usted esté orando para que la gente le entienda, pero Dios permitirá que el malentendido le llevará a la siguiente dimensión de la fe. Quizás se pregunte por qué Dios no arregló una determinada situación, o por qué Dios no explicó sus motivos y no habló en su nombre. En su jornada ministerial, Dios a veces le permite meterse en problemas, para moverlo de fe en fe y de gloria en gloria... El favor tiene que engendrarle, madurarle y desarrollarle. No se desanime en el proceso, Dios le está preparando... ¡y lo mejor está por venir!

Metieron a José en un pozo y lo despojaron de su túnica. Quizás pensaron que su favor estaba en su túnica. Pueden quitarle el abrigo, la túnica, pero no su favor. Pueden tomar su posición, pero no pueden tomar su favor... Lo arrojaron a un pozo, pero el favor lo engendró. José había soñado con ascender a una posición de poder, pero el favor tenía que engendrarlo, prepararlo, entrenarlo y desarrollarlo. Entienda... ¡El favor tiene que prepararle, para pararle sobre sus propios pies!

Conocemos la historia de cómo los hermanos lo metieron a José en un hoyo y lo vendieron a los madianitas. Luego llegó a la casa de Potifar. Entró en la casa de Potifar como un nada, pero terminó dirigiendo toda la casa. Esta es la parte asombrosa del favor, no se puede hacerle nada a alguien que tenga "el favor", que no lo convierta en un testimonio.

De repente, este chico sin formación, sin antecedentes, en un país extraño, lejos de su comunidad y cultura, está dirigiendo la casa de Potifar y es un hombre rico, porque tiene favor.

Ahora vemos un principio importante... La esposa de Potifar pone sus ojos de lascivia en José y va tras él. Pero José razona: "¿Cómo puedo traicionar a Potifar viendo cómo me ha confiado todas sus cosas? Vemos aquí favor y confianza. José decide: "Si rompo la confianza, pierdo el favor".

Dios le pondrá en situaciones y le dará el favor, ACCESO y oportunidades que nunca antes había tenido. Y cuando entre en ese lugar, lo que tiene que recordar es "no violar la confianza". Nadie necesita confiar en usted cuando todo es perfecto. Necesita que le confíen, cuando las cosas no son perfectas. Deje cosas valiosas en un fideicomiso. Usted es un fideicomiso, y su destino se basa en si se puede o no confiar en usted.

¿Puede Dios ponerlo en un lugar en el que tenga acceso a información privilegiada, y todavía esté a la vista? Esto podría resultar una prueba en su jornada ministerial. ¿Se puede confiar en usted? O ¿violará su favor porque su favor se basa en su carácter?

Parte del viaje ministerial es permitir que el favor le instruya a través de la poda y la preparación. No se desanime con el viaje; como sucedió con José, irá del pozo al palacio, justo cuando suponga que nunca va a ascender. Prepárese para el beso de Dios.

PARTE V
CUIDADO CON LA TRAMPA DEL ENEMIGO

CAPÍTULO 1

CONQUISTANDO EL MIEDO

"Porque Dios no nos ha dado espíritu
de cobardía, sino de poder, de amor
y de dominio propio"
(2 Timoteo 1:7).

Cuando el miedo comience a apoderarse de su corazón, debe actuar y moverse con fe, contradiciendo lo negativo con el poder de la Palabra de Dios, la adoración y la fe. En el ministerio, hay muchas oportunidades para el miedo. Usted puede tener la victoria sin que cambien las circunstancias, y puede tener alegría en medio de todo.

En el mundo, la felicidad depende de sus circunstancias, pero puede tener gozo y paz cuando vive "En Su Presencia". Si va a ser todo lo que Dios quiere que usted sea, debe romper la barrera del miedo.

No puede ministrar acerca de tener la victoria sobre el miedo, si usted mismo está viviendo con miedo.

- El miedo exige una explicación lógica.
La fe avanza viendo lo invisible.

- El miedo reacciona a las circunstancias.
La fe desafía las circunstancias.

- El miedo se compromete.
La fe le da coraje a sus convicciones.

- El miedo dice que no puede hacerlo.
La fe dice: *"Todo lo puedo en Cristo que me fortalece"* (Filipenses 4:13)

- El miedo nos paralizará.
La fe nos capacita.

- El miedo nos impide seguir adelante.
La fe dará fuerzas y voluntad para nunca volver atrás.

- El miedo nos llena de frustración, preocupación y ansiedad.

La fe llena el corazón de confianza y determinación.

- El miedo proyecta una sombra negativa sobre todo lo que intentemos hacer.

La fe nos hará dar un paso adelante con denuedo, sabiendo que *"Fiel es el que os llama, el cual también lo hará".* (I Tesalonicenses 5:24)

- El miedo nos hace abandonar.

La fe nos aferra.

- El miedo dice que nunca llegaremos al final.

La fe dice: *"Proseguiré hacia la meta, al premio del supremo llamamiento de Dios en Cristo Jesús"* (Filipenses 3:14).

- El miedo dice que cuesta demasiado, es un precio demasiado alto.

La fe dice que no importa el costo. *"Pero de ninguna cosa hago caso, ni estimo preciosa mi vida para mí mismo, con tal que acabe mi carrera con gozo, y el ministerio que recibí del Señor Jesús, para dar testimonio del evangelio de la gracia de Dios "* (Hechos 20:24). Recuerde que la fe habla lo contrario del miedo.

El enemigo saca provecho de nuestras circunstancias adversas, y las magnifica, para que renunciemos a nuestro ministerio. Sea precavido en cuanto a la forma en que el enemigo obra contra usted; entre en la Presencia de Dios, dígale al diablo que es un mentiroso, y siga adelante por fe. ¡Lo mejor está por venir!

CUIDADO CON EL ESPÍRITU DE JEZEBEL

Jezabel, la reina malvada y esposa del malvado rey Acab, tenía fama de homicida, iniquidad y promiscuidad sexual. Ella no sólo sirvió como una espina en el costado del profeta Elías, sino que también descarrió a Israel trayendo ídolos del extranjero y haciendo que los adorasen (Lea 1 Reyes 18).

Ahora bien, es posible que hayamos oído hablar de Jezabel, pero no todos hemos oído hablar de algo conocido como "espíritu de Jezabel". La Biblia nunca tiene estrictamente las palabras espíritu de Jezabel, pero tanto el Antiguo como el Nuevo Testamento tienen connotaciones negativas y simbolismos en torno a este nombre: Jezabel.

El término "Espíritu de Jezabel" se usa a menudo para describir a alguien que usa, echa mano de la astucia, el engaño y la seducción para destrozar matrimonios enteros, iglesias y otras entidades. A diferencia de muchos espíritus malignos, el "Espíritu de Jezabel" opera de una manera más sutil y siniestra.

Exploremos el "espíritu de Jezabel"... cómo usted podría discernir si alguien que conoce podría tenerlo, y cómo finalmente vencer a este espíritu maligno.

Jezabel encarnó el mal durante su vida en la Tierra. Ella mató a los hombres por sus viñedos, y amenazó con asesinar a uno de los únicos profetas que quedaban, porque él soltó mensajes que no le favorecían a ella.

Cuando alguien llama a otra persona "Jezabel", quiere decir algunas cosas con ésto. Primero, generalmente se refiere a la naturaleza astuta de una persona. Jezabel no solía hacer el trabajo sucio ella misma... se confabulaba con otros para que lo hicieran por ella. Por ejemplo, cuando un hombre llamado Nabot se negó a ceder la tierra de sus antepasados al rey (1 Reyes 21), Jezabel escribió cartas en nombre de su esposo para que maten a Nabot, y así ella y su esposo pudieran adquirir la viña.

Una Jezabel también es alguien que usa la persuasión sexual para conseguir que alguien haga algo por ella. Una mujer fatal, pero mucho más insidiosa. Lo más probable es que una persona llame a alguien "Jezabel" si usa los poderes de la seducción para cortejar a un hombre casado o a un hombre de Dios, para apartarlo del camino de la justicia. El espíritu de Jezabel se esforzará por callar su voz de vida, libertad y verdad. El espíritu de Jezabel viene a intimidar, controlar y amenazar la vida y el ministerio de un hombre o una mujer de Dios. Vemos el "espíritu de Jezabel" a la vanguardia de la idolatría, el asesinato de bebés, la guerra contra las distinciones de género y más.

Señales de un "espíritu de Jezabel" en funcionamiento:

1. Una persona tiende a querer orquestar o controlar todo. Jezabel quería tener todos los asuntos de Israel bajo su pulgar.

2. Este espíritu a menudo opera con manipulación o engaño para obtener lo que quiere. Así como la reina Jezabel obligó a otros a cumplir sus órdenes, el espíritu maligno intentará hacer lo mismo a través de la sutileza y el sigilo.

3. El espíritu de Jezabel usa la seducción para desviar a la gente de los caminos de la justicia (Apocalipsis 2:18-20). La iglesia en Tiatira se encontró con este problema, cuando una falsa profetisa, con el nombre de Jezabel, trató de seducir a sus miembros no sólo a la fornicación, sino también a comer alimentos prohibidos y a la idolatría, y le permitieron continuar quedándose.

4. Finalmente, el espíritu de Jezabel no se arrepiente de sus acciones. Sabe que causa estragos y destrucción. Su propósito es destrozar instituciones y relaciones santas y puras. A Satanás le gusta pervertir las cosas buenas, y una de las mejores formas de hacerlo es mediante la seducción, la manipulación y la división.

Los diferentes espíritus requieren diferentes tratos. Necesitamos seguir la voluntad del Señor ante todo.

En segundo lugar, si una persona con "espíritu de Jezabel" va a su iglesia y se niega a arrepentirse y pedir liberación, es posible que deba pedirle que se aleje de su congregación. Permitir que Satanás opere dentro de los muros de su iglesia, sólo conducirá al dolor y la destrucción. No importa cuánto ame a esta persona, a veces tenemos que tomar la difícil decisión de alejarla de la congregación, aunque sea por una temporada.

Finalmente, como cristianos debemos saber que tenemos la capacidad, a través del Espíritu Santo, de atar a los espíritus malignos y expulsarlos, en el nombre de Jesús. Dicho esto, los espíritus a menudo regresan, incluso después de haber sido expulsados (Mateo 12:43). La única solución permanente es si la persona, que alguna vez estuvo habitada, se arrepiente y pide liberación. Continúe orando por esta persona para que tenga claridad de mente y un espíritu de arrepentimiento.

Para concluir este Capítulo sobre Jezabel, comparto mi propia experiencia con "Jezabel" en mi ministerio en Guatemala: Estaba orientando y discipulando a este líder para que asumiera más y más responsabilidades en el ministerio misionero. Ella era una trabajadora tremenda que hizo más que nadie en cuanto a producir y realizar asignaciones. Sin embargo, me enteré de que el astuto espíritu de sabotaje estaba en funcionamiento, y tenía que ser detenido. No me di cuenta de que había un espíritu trabajando que buscaba descarrilar mi ministerio, y luego usar todo lo que le había enseñado, para lanzar su propio ministerio. Uno de mis guerreros de oración me dijo cómo estaba operando a mis espaldas. Ella me sorprendió, porque me mostró un compromiso y una devoción completos por el ministerio.

El espíritu de sabotaje está claramente definido en el libro de Trimm de Cindy "The Rules of Engagement". Ella analiza el espíritu de sabotaje en las páginas 245-246:

"El Espíritu de sabotaje opera como fuertes influencias demoníacas que impulsan a las personas a abortar el progreso y el éxito de proyectos, propósitos, relaciones, organizaciones, y/o, potencial y destinos divinamente ordenados. Despierta celos, resentimiento y sospecha, y a

menudo es vengativo hacia la persona que detecta su presencia. El sabotaje puede convertirlo en víctima y perpetrador, de modo que incluso cuando pronuncie un juicio sobre los demás, se exponga y se pronuncie sobre sí mismo.

Este espíritu es tan hábil que te usará como peón y marioneta en una cuerda, impidiéndote detectar su mano sobre ti y las cuerdas que te manipulan. Trabajando con espíritus familiares, que actúan como su reconocimiento, informándoles de las rupturas en los setos de protección, fortalezas, debilidades y tendencias tanto del perpetrador como de la víctima, el plan es un plan bien pensado.

He descubierto que muchos de los agentes utilizados no son sólo los que tienen malas intenciones, sino también los que nos aman sinceramente y quieren lo mejor para nosotros. Considere el incidente que registra Mateo en Mateo 16: 21-23, donde Pedro, sin saberlo, fue utilizado en un intento de sabotear la misión de Jesús. Jesús identificó decisivamente el espíritu que controlaba los pensamientos de Pedro e inmediatamente abortó sus actividades

Me desanimé tanto que le dije al Señor: "Terminé". El Señor me respondió: "no dejarás a Chamelco en la derrota, pero el día que te vayas será de gran victoria". Entonces, obviamente, no me rendí y Dios lo resolvió todo para Su gloria. El proceso no fue fácil porque Jezabel creó una defensa poderosa que consistía en resaltar todas las cosas que había hecho por mí. Pero Dios la derribó y le impidió prosperar en lo que estaba buscando lograr. Dios defendió mi ministerio y seguimos trabajando en Guatemala.

A través de esta experiencia, Dios me enseñó una nueva profundidad y discernimiento en la oración, que creo que todos los ministros necesitan. También me enseñó a escuchar más a mis intercesores que Dios ha puesto por mí, para mi protección. Aprecio el ministerio de intercesión y profecía ahora más que antes.

CAPÍTULO 3

CERRANDO LA PUERTA AL DIABLO

"Par que Satanás no gane ventaja alguna sobre nosotros; pues no ignoramos sus maquinaciones" (II Corintios 2:11).

Podemos permitir el acceso del diablo a nuestras vidas, nuestros hogares o nuestros espacios de trabajo, si no somos conscientes de sus dispositivos y no mantenemos una vida espiritual disciplinada. **"Cuidado con los dispositivos del diablo".** Como ministro o líder, es su responsabilidad construir una fortaleza, y cerrar todas las puertas de acceso donde el enemigo quiera intervenir alegando legitimidad.

Esta es una pauta de verificación espiritual de áreas que deben ser monitoreadas con frecuencia para impedir el ACCESO LIBRE del diablo. Llegarán los ataques, y tenemos las herramientas para superar el ataque; sin embargo, no hay poder para vencer sin una vida que practique la santidad, y bajo la cobertura de la protección que brinda el cerrar todas las puertas de acceso. Por ejemplo: puedo declarar la Palabra de Dios cuando me atacan, pero el Espíritu Santo sólo me respaldará y fortalecerá esa declaración, cuando mi vida muestre las disciplinas de santificación y compromiso que proceden de una relación íntima con Jesucristo.

Es nuestra responsabilidad vigilar las áreas donde el diablo pueda entrar y alegar que está allí legalmente. Nuestras vidas deben ser UNA ZONA SIN ACCESO. Nuestro carácter, actitud y acciones deben exhibir un gran rótulo para el diablo: NO ENTRES AQUÍ. Estas son algunas pautas para crear una ZONA DE NO ACCESO para el diablo:

1. Controle su nivel de entrega y compromiso con Cristo.

Tome la determinación de que sus pensamientos, actitudes y acciones reflejarán la vida de Cristo. *"Así que, hermanos, os ruego por las misericordias de Dios, que presentéis vuestros cuerpos en sacrificio vivo, santo, agradable a Dios, que es vuestro servicio racional"* (Romanos 12: 1).

2. Desarrolle una vida de alabanza

La alabanza y la adoración son armas poderosas contra el enemigo, y es la medicina que necesitamos para mantener un corazón feliz y regocijado. *"Así que, recibiendo nosotros un reino inconmovible, tengamos gratitud, y mediante ella, sirvamos a Dios agradándole con temor y reverencia, porque nuestro Dios es fuego consumidor"* (Hebreos 12: 28-29).

3. No descuide la oración

La oración fortalece su espíritu y su mente. Hable en lenguas y esté constantemente fortaleciéndose con la superación de los músculos espirituales. La oración crea una zona de radar alrededor de su vida, que dificulta la penetración del enemigo.

4. Practique confesiones positivas

Esto incluye mantenerse alejado de las personas negativas. Sea una persona que ve el vaso medio lleno en lugar de medio vacío. La confesión positiva de la Palabra de Dios alimentará su fe, pero la confesión negativa abrirá el acceso al enemigo. Cuando frecuente a personas negativas y que siempre están hablando de pesimismo y pesimismo, no sólo se sentirá sucio y oprimido, sino que abrirá la puerta para que el enemigo plante sus ideas negativas aún más, y trace un camino descendente. *"Derribando argumentos y toda altivez que se levanta contra el conocimiento de Dios, y llevando cautivo todo pensamiento a la obediencia a Cristo"* (II Corintios 10: 5).

5. Proteja la atmósfera con lo que mira y escucha. Esto incluye TV, libros, música, películas e Internet.

Debe establecer el estándar muy alto, y no permitir que los espíritus malignos entren a su hogar a través de estos medios.

6. Esfuércese por vivir en el Espíritu y no en la carne. No le dé lugar al diablo.

Ríndase a Cristo, obedezca Su Palabra, resistiendo la carne. La carnalidad y las tentaciones mundanas no tienen lugar en un siervo de Dios que es ejemplo de vida justa para su iglesia y ministerio. **"Cuidado con sus dispositivos".** NO LE DÉ LUGAR AL DIABLO (Efesios 4:27). *"Con Cristo estoy juntamente crucificado, y ya no vivo yo, mas vive Cristo vive en mí; y lo que ahora vivo en la carne, lo vivo en la fe en el Hijo de Dios, el cual me amó y se entregó a sí mismo por mí"* (Gálatas 2:20).

7. No a las luchas personales y relaciones tóxicas

Debemos cerrar estas puertas buscando la reconciliación, ofreciendo restitución cuando sea posible. Amar y tender la mano a nuestros enemigos, cerrará puertas donde el enemigo podría hacer mucho daño interno. Podemos vencer el mal con el bien; de esta manera, podemos negarle al enemigo el acceso a nuestras vidas, aunque las fragilidades humanas puedan abundar por todos lados. *"Si tu hermano te ofende, repréndelo, y si se arrepiente, perdónalo"* (Lucas 17:3). Al comprender la importancia de cerrar las PUERTAS DE ACCESO y no querer que nada minimice mi unción en el ministerio, a menudo invito a las personas en mis servicios de altar a deshacerse de la falta de perdón, para que las puertas de acceso al diablo estén cerradas, y tengan canales abiertos para que fluya la bendición de Dios.

8. En su hogar, deshágase de todo lo relacionado con la oscuridad espiritual

Muy común en nuestra era de promiscuidad y permisividad son los videojuegos, libros y revistas dedicados a la fantasía; cómics, carteles, películas o música con temas demoníacos, violentos o sensuales; pornografía, drogas ilegales; arte, libros o juguetes sensuales; o una serie de otras cosas que son demoníacas, ilegales, inmorales o contrarias a la Palabra de Dios. Al permitir cualquiera de estas cosas en nuestros hogares, permitimos que el enemigo tenga un derecho legal a invadirnos. Es muy popular entre los cristianos permitir que sus hijos vean películas de Harry Potter o incluso películas de Disney mostrando brujería y magia. Este es el tipo de cosas que a usted y a sus hijos les ponen en un territorio peligroso, haciéndoles potencialmente vulnerables, y conduciéndoles a sendas de derrota.

Es cada vez más frecuente para los ministros caer en el pecado de la pornografía y otros pecados sexuales que podrían haberse evitado, si hubieran mantenido la puerta cerrada en todos los puntos de acceso para que el diablo no pueda entrar . Es necesario entender que un siervo de Dios es muy vulnerable a este tipo de pecados insidiosos, pues el diablo buscaría destruir su vida y su ministerio.

Debe, en consecuencia, hacerse las siguientes preguntas:
1. ¿Glorifica ésto a Dios?
2. ¿Trae ésto alguna apariencia de maldad?
3. ¿Estoy permitiendo algo que podría ser un ataque potencial, que el enemigo podría usar para destruir mi ministerio?

CIERRE TODAS LAS PUERTAS

Cierre todas las puertas, cierre todas las ventanas y selle todos los lugares de su vida a los que el enemigo intentaría acceder. No podrá avanzar hasta que haga esto. Después de cerrar las puertas, debe mantenerlas cerradas para que pueda convertirse en un candidato para la bendición y el favor de Dios. Entonces y sólo entonces su ministerio se convertirá en un canal de bendición, donde Dios puede bendecir a otros a través de su vida.

"... Para esto apareció el Hijo de Dios, para deshacer las obras del diablo". (I Juan 3:8).

PARTE VI
PIEDRAS PASO A PASO HACIA UN MINISTERIO PODEROSO

CAPÍTULO 1

PREDICAR A CRISTO

He escuchado prédicas que hacen poca o ninguna mención de Jesucristo. Si un incrédulo hubiera estado sentado entre los oyentes, no habría escuchado lo suficiente del evangelio para ser salvo. Además, los santos no habrían escuchado lo suficiente de Cristo para moverlos a vivir y obedecer por amor a Él. Las Escrituras enseñan que todo mensaje debe estar centrado en Cristo. Haga siempre espacio para incorporar a Jesucristo en su mensaje: "Todo se trata de Él".

Una predicación que no tenga los siguientes requisitos de la Biblia, no está a la altura de una verdadera predicación.

4. Un sermón que no menciona a Cristo.

2 Un sermón lleno de ilustraciones y humor, mientras que sólo menciona nominalmente un texto, o al mismo Jesucristo.

3. Una "serie práctica" sobre el matrimonio, el gozo, etc., sin explicar cómo se aplica a la persona y obra de Jesucristo.

4. Un mensaje expositivo de las Escrituras sin mencionar a Jesucristo, porque no se menciona en el texto.

Las Escrituras nos dan instrucciones claras sobre cómo predicar. Jesús fue el centro de su mensaje. Cuando Pablo vino por primera vez a Corinto para predicar el evangelio a los inconversos, dijo: *"Pues me propuse no saber entre vosotros cosa alguna sino a Jesucristo, y a éste crucificado"* (I Corintios 2: 2).

Jesucristo fue la sustancia de la predicación evangelística de Pablo en Corinto. Pedro también predicó a Cristo en el día de Pentecostés, así como en los otros mensajes evangelísticos.

Jesús y sus apóstoles practicaron la predicación centrada en Cristo. Cada palabra que nuestro Señor pronunció, en última instancia se refería a Su propia persona, y obra como nuestro profeta, sacerdote y rey, incluso cuando expuso los textos del Antiguo Testamento, que no siempre lo mencionaban explícitamente.

Los apóstoles de Cristo siguieron Su ejemplo en su predicación. Cada sermón evangelístico en Hechos, y cada epístola, se centró en Jesucristo. En las iglesias, las epístolas se leyeron a los fieles en su totalidad, incluidas las partes sobre Cristo y el Evangelio. En cada aplicación de las epístolas, siempre hay una referencia a Cristo, Su persona y Su obra. No estoy diciendo que Jesucristo fue mencionado por su nombre en cada texto de Su predicación y en la enseñanza de los apóstoles; lo que estoy diciendo es que Cristo fue el fundamento y la meta en la proclamación de cada palabra de Dios.

Cristo mismo fue la sustancia de la predicación apostólica, tanto para los inconversos como para los convertidos. La Biblia ordena la predicación centrada en Cristo tanto al incrédulo como al creyente. Los apóstoles predicaron a Jesucristo como Señor y Salvador.

CAPITULO 2
PREDICAR LA PALABRA

La marca de un ministro "aprobado por Dios", de un "obrero que no tiene de qué avergonzarse", es que "expone correctamente la palabra de verdad".

El mandamiento del Señor es: Predica la Palabra. Mantén la cabeza en alto (exposición) y mantén vivo tu corazón (júbilo). Maneje la preciosa Palabra viva de Dios con precisión. Venga al púlpito semana tras semana y haga exaltación expositiva. No exulte más que la Palabra. Hay suficiente gloria en la Palabra, por tanto no necesita agregar nada artificial. Coma la Palabra hasta que su corazón esté profunda y verdaderamente satisfecho, y sirva luego el mismo banquete para su gente.

La Escritura se convirtió en "Buenas Nuevas"; de hecho, "Evangelio" quiere decir buenas nuevas. Eso es lo que se trae en la exaltación expositiva. Amigo mío, si el Señor quiere, hay muchos años por delante, pero también muchas pruebas. Se verá tentado de muchas maneras a dejar de predicar. Satanás le mentirá diciéndole que no es una gran cosa y que podría dedicarte a algo más significativo. Pero cuando eso suceda, regrese y escuche al apóstol.

"Te encarezco delante de Dios y del Señor Jesucristo, que juzgará a los vivos y a los muertos en su manifestación y en su reino, que prediques la palabra; que instes a tiempo y fuera de tiempo; redarguye, reprende, exhorta con toda paciencia y doctrina" (II Timoteo 4: 1-2).

Entonces usted se levantará y dirá con Martín Lutero: "Si pudiera convertirme hoy en rey o emperador, no dejaría mi cargo de predicador".

Gran parte de la predicación moderna produce creyentes débiles, independencia y arrogancia en lugar de dependencia y quebrantamiento. Vivimos en una época en la que la gente prefiere escuchar "charlas de ánimo" sobre cómo hacerse rico, cómo tener éxito, cómo hacer valer nuestros derechos y obtener nuestra herencia. Los mensajes egocéntricos sobre "conseguir lo que quiero cuando quiero", no tienen nada que ver con lo que Jesús enseñó acerca de morir a sí mismo cuando dijo *"el que quiera salvar su vida, la perderá, pero el que pierda la vida por mí, la perderá"* ¡Encuéntrelo! *¿De qué le servirá al hombre ganar el mundo entero y perder su alma? ¿O qué puede dar un hombre a cambio de su alma? Porque el Hijo del Hombre vendrá en la gloria de su Padre con sus ángeles, y luego recompensará a cada uno según sus obras"* (Mateo 16: 25-27).

Estoy convencida, más allá de toda duda, de que la Iglesia de hoy no está experimentando plenamente aquello por lo que Jesús murió, y no se está convirtiendo en aquello por lo que Él oró. Con suerte, usted será el líder que se comprometerá a restaurar el poder apostólico y la verdad bíblica como Jesús lo predicó, y no sólo hablando de ello, sino también experimentándolo.

Al aceptar el llamado de Dios sobre su vida, usted está aceptando el llamado a la entrega total y al compromiso radical, muriendo a usted mismo. Pablo era un hombre poseído por el Dios viviente. *"Con Cristo estoy juntamente crucificado, y ya no vivo yo, mas vive Cristo en mí; y lo que ahora vivo en la carne, lo vivo en la fe del Hijo de Dios, el cual me amó y se entregó a sí mismo por mí"* (Gálatas 2:20).

¿Quiere ver la Iglesia como era en los días apostólicos, personas que se salvan, sanan y liberan a diario? Si quiere un ministerio como ese, no tema confrontar el pecado y predicar, enseñar y practicar la Palabra de Dios.

Un gran privilegio y una bendición también significan una gran responsabilidad. En el Libro de los Hechos leemos que el Espíritu del Señor se movía poderosamente. Tres mil judíos se salvaron después del primer sermón de Pedro. Jerusalén estaba alborotada por la demostración del poder de Dios. Hubo maravillosos milagros en público, e incluso pueblos enteros se volvieron al Señor. ¡Había unidad entre los discípulos con un propósito!

En una época en la que activistas homosexuales, feministas militantes, educadores inmorales y abortistas tienen sus agendas, Dios le está llamando a ser fiel a su llamado, a predicar la Palabra y a obedecerle sin temor ni temblor de ningún hombre. ¿Acepta el compromiso para ser el vaso frágil que el Espíritu Santo puede usar?

CAPÍTULO 3

MINISTERIO DE SU PRESENCIA
Desarrollar un ministerio orientado a la Presencia de Dios

A través de Su Presencia, Dios pone Su plan en el corazón del hombre. Pueden ser sueños, visiones, metas, motivación para cambiar algo en nuestra vida, así como respuestas a nuestras preguntas. Sin él, los ministerios son impotentes y aburridos, y los ministros agotados, exasperados e incapaces de tener la victoria en su vida.

Usted necesita un ministerio orientado a la presencia de Dios, para ver los propósitos divinos realmente cumplidos. Todo sobre su ministerio debe girar en torno a la Presencia de Dios. Como pastor, tendrá muchos programas excelentes en la iglesia, o bajo su ministerio evangelístico o misionero, pero necesitan que la Presencia de Dios los controle a todos.

Sin Su Presencia en medio de lo que sea que esté haciendo, realmente estará muerto, sin poder. Puede lograr cosas por su cuenta, pero créame, no será nada parecido a lo que podría ser CON SU PRESENCIA. Esa es la razón por la que algunas iglesias son más bendecidas que otras. O por qué la Presencia de Dios se siente y disfruta más fácilmente en algunos lugares más que en otros. En estos lugares el ministro ha aprendido a tener un ministerio orientado a la Presencia. La Presencia de Dios es el objetivo principal de quienes dirigen el servicio.

Necesitamos entender que la "omnipresencia de Dios" y la "Presencia manifiesta" son dos aspectos diferentes de Su Presencia. La omnipresencia de Dios es Su atributo de estar en todas partes a la vez. Él es omnipresente incluso cuando no experimentamos Su Presencia; Él está aquí incluso si no lo reconocemos. La Presencia manifiesta de Dios es, por supuesto, Su Presencia manifestada; el hecho de que Él está con nosotros se hace claro y convincente.

La omnipresencia de Dios se aplica a cada Persona en la Trinidad; el Padre (Isaías 66:1), el Hijo (Juan 1:48) y el Espíritu Santo (Salmo 139: 7-8). El hecho de que Dios es omnipresente puede no resultar en una experiencia especial de nuestra parte. Sin embargo, la presencia manifiesta de Dios es abierta e inequívocamente el resultado de su interacción con nosotros. ¡Es entonces cuando experimentamos a Dios!

Si le falta Su Presencia Manifiesta, tal vez Él quiera que lo busque de nuevas formas y con mayor intensidad. Al usted buscarlo, le revela su deseo de cuánto anhela Su Presencia y Su gloria. En 50 años de ministerio he estado en 15 países, y en más servicios muertos de los que puedo recordar. Desafortunadamente, antes de tener un encuentro dramático con la Presencia Manifiesta de Dios, también estaba muerta. Mi ministerio estaba bien, pero no tenía ninguna evidencia de la obra sobrenatural del Espíritu Santo. La mayor parte de la iglesia está adormecida por el materialismo, por la apatía y la falta de hambre de la Palabra.

Desde 1997 mi carga ha sido despertar a una iglesia dormida y esforzarme por impartir hambre y el deseo de prepararse para el avivamiento. Gracias a Dios, hemos visto algunos derrames tremendos del Espíritu Santo que cambian vidas, pero sólo después de que Dios me despertó y me cambió primero.

El cambio milagroso y mi experiencia con la Presencia Manifiesta comenzaron cuando Lois, mi socia, tuvo hambre y comenzó a leer libros sobre avivamiento, y a llorar cuando el Espíritu Santo se movía en ella. Eso llevó a ir al Brownsville Revival en 1997 en Florida. Fue allí cuando comenzó la adoración, y la Presencia de Dios vino sobre mí como nunca antes, al punto que me enamoré de la Presencia de Dios. Le pregunté al Señor qué estaba pasando que nunca antes había sentido Su Presencia de esa manera y dijo: "Se trata de intimidad que nunca has experimentado en este nivel". El Señor me desafió a profundizar en Su Presencia, y Él, en adelante, me enseñaría cosas que nunca antes había sabido. Mi amor por la presencia de Dios cambió mi forma de hacer las cosas.

Mi ministerio se convirtió en un "Ministerio de Su Presencia". Cuando voy a predicar, mi propósito principal no es predicar un sermón teológico perfecto, hermenéutico, con un hermoso bosquejo con puntos que recordarán. Mi propósito es dejar que el Espíritu Santo tome el control y fluya a través de mí, y sobre ellos, para que cuando termine de predicar, no solamente les dejara un gran sermón, sino un mensaje de Dios entregado por el Espíritu Santo y que Su Presencia los cautive, para hacer que acudan en masa al altar. Creo con todo mi corazón que... **"La mayor necesidad en la Iglesia hoy es la presencia manifiesta de Dios"**. Mi deseo es que otros conozcan, a través de mi vida, testimonio, libros, predicación y por cualquier medio el "Poder de Su Presencia".

Permítanme recordarles una experiencia bíblica de la Presencia Manifiesta de Dios. Fue tan maravilloso que los discípulos quisieran construir una tienda y quedarse allí... Estoy segura de que no fue como un servicio religioso muerto, sin la presencia de Dios y sólo lleno de programas del hombre. *"Después de seis días, Jesús tomó consigo a Pedro, a Santiago y a Juan, y los llevó solos a un monte alto. Y Él se transfiguró ante ellos, y Su ropa se volvió radiante, intensamente blanca, como nadie en la tierra podría blanquearla. Y se les apareció Elías con Moisés, y estaban hablando con Jesús"* (Marcos 9: 3-4).

En la transfiguración de Cristo se reveló la gloria eterna y radiante de nuestro Señor. Durante el ministerio terrenal de Jesús, Su humanidad veló esta gloria, ocultándola de la vista de los hombres detrás de la debilidad de la carne. Pero en el Monte de la Transfiguración, la refulgente gloria y majestad de Jesús se mostró en forma visible, en una cegadora exhibición de blancura. Estoy segura de que esta experiencia fortaleció la fe del discípulo a lo largo del resto de su vida. Un día veremos Su gloria radiante y nunca nos cansaremos de esta visión, porque ver el rostro de nuestro Señor será experimentar la plenitud misma de la vida bendita.

Ministros de Dios, maestros, predicadores y líderes preparen el ambiente y dejen espacio para que venga el Espíritu Santo. Búsquenlo y ÉL VENDRÁ. Su pasión despertará los corazones de sus oyentes, e incluso cambiará sus corazones y actitudes sobre lo que se supone que es la vida de la Iglesia.

Si no tiene Su Presencia, dependerá de los métodos de "crecimiento de la Iglesia" como estructura administrativa. Dios no unge programas o métodos, unge a las personas.

Dios no fluye a través de planes, fluye a través de hombres y mujeres. No se necesita más fórmulas para el crecimiento de la iglesia, sólo se necesita la Presencia de Dios en su adoración, en su predicación y en el corazón del pueblo de Dios. Donde el Espíritu Santo es bienvenido, llega con Su favor y Su bendición.

Recuerde, cuando el Arca de la Alianza fue colocada en la casa de Obed-Edom: *"Y estuvo el arca de Jehová en casa de Obed-edom Geteo tres meses: y bendijo Jehová á Obed-edom y á toda su casa. Y fue dado aviso al rey David, diciendo: Jehová ha bendecido la casa de Obed-edom, y todo lo que tiene, a causa del arca de Dios. Entonces David fue, y trajo el arca de Dios de casa de Obed-edom a la ciudad de David con alegría"* (2 Samuel 6: 11-12).

El arca es donde moraba la Presencia del Espíritu Santo. Donde permanece la Presencia de Dios, siempre llega Su favor y Su bendición. No hay mayor privilegio y placer que tener la dulce y maravillosa manifestación de Su Presencia. Haga que la meta de su ministerio sea darle la bienvenida al Espíritu Santo, y hacerle lugar. Emociónese con Su Presencia, predíquela, imparta y convierta su "Filosofía del Ministerio" en tener una iglesia o ministerio orientado a la Presencia de Dios, no una iglesia orientada a programas. Le prometo, por experiencia... ¡Es contagioso!

CAPÍTULO 4

SEA UN ADORADOR

Adorando para albergar al Espíritu Santo

¿Cuántas veces sin saberlo rechazamos al Espíritu Santo, excluyéndolo de nuestras iglesias o servicios? ¿Con qué frecuencia en los servicios de nuestra iglesia o ministerio lo entristecemos, intencional o involuntariamente? Una de las formas más comunes de hacerlo es cerrar la adoración cuando Él se mueve para pasar a la siguiente parte de su agenda.

¿Está Dios tratando de interrumpir su actuación religiosa para una visita?

189

Vivimos en una época en la que la gente quiere todo al instante, sin necesidad de preparación. Ya sea por comida, éxito financiero o incluso pérdida de peso ¡lo queremos AHORA! Ese tipo de mentalidad se ha infiltrado tristemente en la Iglesia. ¡La gente quiere su curación, liberación, prosperidad financiera y madurez espiritual AHORA! La gente quiere resultados instantáneos y no está dispuesta a dedicar tiempo a la ADORACIÓN. Algunas personas incluso se levantarán y dejarán un servicio que se retrasa.

Los pastores y otros ministros están bajo una tremenda presión para que el servicio no se prolongue demasiado; aún la gente pueda salir mentas corre el culto, con el sólo pretexto de almorzar o por alguna otra razón. Ese tipo de actitud no toca el corazón de Dios y apaga al Espíritu Santo. Si usted lo recibe apropiadamente, haciéndole espacio al adorarlo, Él vendrá. Cuando Él venga, por favor, no lo apague.

Por supuesto, la adoración debe comenzar con el líder teniendo su propio tiempo de adoración en privado.

Muchos ministros cometen el error de anteponer el servicio a la adoración. Oro para que nunca caiga en la trampa en la que les dé a las personas sólo lo que quieren; deles lo que el Espíritu Santo ha preparado para ellas... Es muy fácil como ministro estar tan ocupado sirviendo a Dios, y descuidar pasar tiempo con Él, y adorarlo.

Les insto a que desarrollen el hábito de la adoración. Si todo lo que hace en el ministerio es servir, comenzará a depender de fórmulas y trucos, en lugar de la unción del Espíritu Santo. Empezará a hacer cosas para agradar a las personas en lugar de a Dios. Las distracciones pueden incluso ser cosas piadosas, pero no caiga en la trampa del enemigo de alejarlo de un tiempo precioso y necesario con el Señor, lo que hará que sea más eficaz al ministrar a la gente.

Hay una gran necesidad de que el ministro de Dios entre en la cámara del Rey. *"Llévame, correremos en pos de ti; el rey me ha traído a sus aposentos; nos alegraremos y nos regocijaremos en ti, nos acordaremos de tus amores más que del vino; los rectos te amarán"* (Cantar de los Cantares 1:4).

Aquel que le ha llamado al ministerio desea que venga a solas con Él. Su verdadera necesidad como ministro o líder, no es aprender todo lo que pueda sobre el crecimiento de la Iglesia, sino pasar tiempo con Él. Sin una relación íntima con el Espíritu Santo, no tendrá nada para dar. Sus enseñanzas carecerán de vida y no darán frutos. Es sólo cuando adora que el Espíritu de Dios se manifiesta en usted. Sin la adoración, el tiempo de adoración de la Iglesia es ritualista y vacío, y tiende a impedir cualquier movimiento del Espíritu.

Cuando Dios haga un depósito en usted por Su Espíritu en Su cámara, su ministerio crecerá y prosperará y, como pastor, verá que su iglesia tiene suficientes actividades para toda la vida.

Debemos volver a adorar a la manera de Dios; no sólo cantar canciones o apresurarnos en un programa de 3-4 canciones, y luego arruinarlo con los anuncios. Hay muchas otras formas de hacer anuncios. No permita que las trivialidades apaguen el Espíritu. Recuerde que todo debe girar en torno a complacer a nuestro Huésped y recibirlo.

Cuando hospedamos al Espíritu Santo, dejamos espacio para Su Presencia. ¿Cuántas veces Dios se ha parado a la puerta de nuestros servicios de la iglesia, buscando la habitación con la esperanza de encontrar un lugar lo suficientemente sólido para que Él se siente? Sentarse implica que alguien va a estar allí por un tiempo. ¿Es posible en todos nuestros preparativos, y en todo lo que hacemos, que nunca hayamos preparado un lugar para la gloria y la Presencia de Dios?

Sabemos cómo hacer que el hombre se sienta cómodo. Nuestras iglesias tienen asientos cómodos, y salones para cuidado de niños. Nuestros servicios siguen un patrón cómodo y predecible. ¿Podría ser que tengamos miedo de un derramamiento real de Su Presencia y de que Su Gloria descienda? Sabemos cómo acomodar al hombre, pero, si ponemos más esfuerzo en buscar albergar al Espíritu Santo, es muy posible que veamos un mover genuino de Dios. Durante demasiado tiempo hemos aprendido a tener una Iglesia sin Dios. Después de todo, con la última tecnología, el Departamento de música puede realizar una fantástica demostración de talento, pero... ¿estamos cantando las canciones favoritas de Dios?

ADORACIÓN PRODUCIDA A TRAVÉS DE QUEBRANTAMIENTO Y HUMILDAD

En el Capítulo 7 de Lucas, se nos habla de la posibilidad de que la gente común ofrezca una adoración generosa. Note el contraste entre la prostituta contrita, y el líder religioso engreído. Simón olvidó que él también era un pecador que necesitaba la gracia de Dios, tanto como cualquier otro. Esta mujer sabía que los fariseos la despreciaban y la odiaban, pero tuvo una gran revelación del amor de Jesús, al punto que superó su preocupación por cuanto pudieran pensar en ella. Ese "algo" en el corazón de esta mujer, nos dice mucho sobre la verdadera naturaleza de la adoración.

Esta mujer trajo para la adoración una caja con alabastro, lo que nos enseña sobre la adoración generosa. *"Ella se paró a los pies de Jesús detrás de él, llorando, y comenzó a lavarle los pies con lágrimas, y se los secó con los cabellos de su cabeza, y besó sus pies y los ungió con el ungüento"* (Lucas 7:38.)

En Marcos 14:3 se detalla otro punto muy importante: Ella "SE ROMPIÓ", la caja de alabastro. Este es un detalle muy importante, porque nos muestra que ella renunció al control, y fue muy generosa en la expresión de su adoración. Si abrimos la parte superior de algo y lo derramamos, tenemos el control. Podemos abrirlo y verter todo lo que queramos y volver a cerrarlo. Esto es lo que hacemos muchas veces en nuestra "adoración", apresurándonos para terminar el programa y escuchar la predicación, y no tener un servicio demasiado largo. Pero si lo abrimos, y simplemente dejamos que brote, dejamos de tener el control. Ella nos dio el ejemplo de una adoración verdaderamente generosa.

Parte del problema en la adoración congregacional es que hemos insistido en tener el control, y cada vez que el Espíritu Santo comienza a moverse, nos ponemos nerviosos si pensamos que el servicio se está alejando demasiado de "nuestro programa". Ponemos límites al mover del Espíritu Santo y, por lo tanto, no estamos rompiendo la botella y derramándola. Nos acostumbramos demasiado a "apagarlo y encenderlo". Mi amigo ministro "Es hora de quitar la mano del pomo y verá más de la presencia manifiesta de Dios en sus servicios y ministerio.

LÍDERES DE ADORACIÓN

Es importante que se le enseñe al equipo de adoración sobre el concepto bíblico de la adoración, su ministerio y propósito. Necesitan abrazar la visión del líder y caminar en unidad. Libere su visión de un mover de Dios y cómo su participación es de vital importancia para albergar la Presencia de Dios y, a través de su música, invitar y cortejar al Espíritu Santo para que venga, y cuando Él venga, cómo hacerlo sentir cómodo.

Lista de verificación para miembros del equipo:

1. Sus vidas personales deben estar limpias y no involucrarse en actividades impías.
2. Necesitan ser ejemplos y mostrar la gloria de Dios con sus vidas y acciones.
3. Deben tener un espíritu de sumisión y estar dispuestos a seguir el ejemplo del líder de adoración, y no tener un espíritu competitivo.
4. Su motivo debe ser puro, y deben abrazar la visión del pastor o ministro.
5. Lo más importante, deben amar la Presencia de Dios y el mover del Espíritu Santo.
6. Deben tener una unción al cantar o tocar un instrumento.
7. Deben reunirse para orar, no sólo para practicar.

No se trata de cantar una canción o de conseguir una "efervescencia" emocional. Se trata de intimidad con el Espíritu Santo. Debemos suplicar a Su Espíritu y atraerlo con nuestra desesperación por más de Él. Busquemos las canciones que le gustan y cantémoslas. No se apresure a terminarlo y seguir adelante hasta que Él le diga que es hora de predicar la Palabra.

Después de que Dios cambió radicalmente mi filosofía de ministerio, cuando me mostró Su Presencia Manifiesta, y me enseñó acerca de la intimidad con el Espíritu Santo, mi ministerio cambió; ahora todo se hizo por amor a Su Presencia y una pasión por impartirla a los demás. Dondequiera que vaya a predicar ahora, mi objetivo no es únicamente predicar, se trata de impartir amor por la Presencia de Dios, y hacer que la gente tenga más hambre de Él. A veces ni siquiera puedo terminar mi mensaje, pero el Espíritu Santo llena la habitación y no tengo que persuadir a la gente para que venga al altar; vienen adorando, llorando y pidiendo a Dios más. Doy gracias a Dios y le doy toda la gloria. Todo se trata de Él, no de mí, ni de mi ministerio.

ENTENDIENDO LA ALABANZA Y LA ADORACIÓN

"Pero tú eres santo, Tú que habitas entre las alabanzas de Israel" (Salmo 22: 3).

La palabra traducida como "habitar" del hebreo significa sentarse, quedarse, establecerse o casarse. Dios, en la persona del Espíritu Santo, no sólo se siente atraído por la adoración de su pueblo, sino que promete vivir y permanecer íntimamente en ellos. ¡Qué inspiración para entregarnos completamente a la adoración!

Con alabanza, estamos dando gracias por las maravillosas obras de Dios. La alabanza es alegre y entusiasta. En alabanza, somos bendecidos y recibimos un impulso emocional. Entonces, se trata de que obtengamos algo de Dios y le agradezcamos por ello. Los salmistas nos dicen repetidamente que alabemos al Señor por las cosas que ha hecho. Fue después de la "alabanza" preparatoria que en el versículo 9 del Salmo 96 el salmista agregó: ***"Adorad al Señor en la hermosura de la santidad; temed delante de él, toda la tierra"."***

Sin embargo, la verdadera adoración es la admiración por la persona de Dios. Se regocija de quién es Dios y no de lo que hace. La motivación de la adoración es el reconocimiento de la persona de Dios y no sus actos. La adoración se expresa con adjetivos: Señor, eres encantador, eres maravilloso, eres hermoso, te amo. La Alabanza encuentra su expresión con verbos. Señor, gracias por bendecirme, gracias por salvarme, gracias por sanarme. La alabanza reconoce la mano de Dios y la adoración mira a Su corazón. La adoración nos llama más alto, a un lugar de intimidad, y nos lleva a Su Presencia.

Nos hemos vuelto demasiado cómodos en nuestras iglesias, y hemos hecho que el Espíritu Santo se sienta incómodo. Aprenda a entretenerlo a Él, en lugar de entretenernos entre nosotros mismos.

La adoración es algo que debe disciplinarse. Debe practicarlo con diligencia, no sólo esperar a "ponerse de cierto humor". El poder se libera en su vida y ministerio cuando adora. La adoración le impulsará a Su Presencia. Cuando se convierta en una disciplina, entonces responderá en situaciones de adversidad según la disciplina, en lugar de según el sentimiento. *"Acercaos a Dios, y él se acercaré a vosotros"* (Santiago 4:8).

Como líder o ministro, cuando se conecta a la adoración a la manera de Dios, su ministerio comenzará a operar en un nuevo nivel y dimensión, y enseñarás a otros a hacer lo mismo. Aprender la intimidad a través de la adoración me cambió la vida y la de mi ministerio, y sé que también lo será para usted.

En mis primeros años de ministerio, estaba muy ansiosa por complacer a las personas, y aprendí cómo planificar una reunión, promover un evento y predicar un mensaje para obtener los máximos "resultados humanos", pero después de tener un encuentro con la Presencia de Dios, ya no sigo ese camino. Su presencia ¡me ha arruinado! Isaías lo dijo así: "Estoy perdido". La palabra hebrea allí significa "arruinado". Un sólo encuentro con Su Presencia arruina su apetito por las experiencias creadas por el hombre. Cuando entra en medio de nosotros, trae consigo sus dones: salvación, sanidad, liberación. ¡Adórelo hasta que se manifieste Su Presencia!

CAPÍTULO 5
GUARDAR LA UNCIÓN

"El Espíritu de Jehová el Señor está sobre mí, porque me ungió Jehová; me ha enviado a predicar buenas nuevas a los abatidos, a vendar a los quebrantados de corazón, a publicar libertad a los cautivos, y a los presos apertura de la cárcel; a proclamar el año de la buena voluntad de Jehová,..." Isaías 61:1-2) RVR60

Los planes que Dios tiene para usted están mucho más allá de su imaginación más irracional, siempre y cuando pueda creer que no es de acuerdo a su habilidad, sino que Su Espíritu obra lo sobrenatural a través suyo. No se conforme con el molde que el hombre o la religión han creado para usted; vaya más allá de todos los límites que la habilidad humana le impone, y viva en Su Presencia, y opere en lo Sobrenatural.

He conocido gente religiosa y religión organizada que han tratado de frenarme, debido a las reglas que el hombre ha establecido sobre la edad, los talentos y las habilidades. Después de todo, no soy la candidata probable para construir un Centro de Reactivación con 2500 asientos... o llevar a cientos de personas en equipos para hacer trabajo misionero en Guatemala. Tengo algunas discapacidades físicas y algunos desafíos diarios para hacer el trabajo del ministerio, y dirigir una oficina. ¡No podría hacer lo que hago sin la unción! He visto una y otra vez cómo mi debilidad y la unción vencedora de Dios me han capacitado para hacer lo que nunca imaginé posible. La victoria no está en mi debilidad, sino en lo que Dios hace en mi debilidad, y en la capacidad que me da. Verdaderamente no es por fuerza ni por poder, sino por Su Espíritu.

Mire a Pablo: Pablo estaba impresionado por el hecho de que Dios podía usar una debilidad para hacerlo fuerte. Hay poder en la debilidad que Pablo aprendió, un poder que no puede estar disponible de ninguna otra manera. Pablo es el gran experto en debilidad. De las 33 referencias a la debilidad en el Nuevo Testamento, Jesús usó la palabra una vez; Pedro la usó una vez; y todas las demás, son de la pluma de Pablo.

Cuando el Señor apareció y lo hirió con ceguera, Pablo tuvo un cambio radical en su forma de pensar acerca de la relación entre el poder y la debilidad. Aprendió por experiencia que era su poder el que era débil, y la debilidad de Cristo era realmente poderosa... El resultado fue la paradoja del poder y la debilidad que recorre todos los escritos de Pablo. Imaginemos a Pablo como una bola de fuego dinámica que brota de una estatua similar a la de Hércules; pero los hechos son que era pequeño y débil en apariencia, y por su propio testimonio, lleno de miedo y temblor mientras predicaba. Pablo era un hombre discapacitado, y la razón por la que Dios usó este espécimen de hombre, lejos de ser perfecto, para proclamar al Salvador perfecto, nos la declara el mismo Pablo: *"Para que vuestra fe no descanse en la sabiduría de los hombres, sino en el poder de Dios"* (I Corintios 2:15). Si un hombre poderoso, talentoso y dinámico mueve a la gente a responder al Evangelio, nunca se sabe cuánto del movimiento es generado por el poder de la personalidad; pero si se usa a una persona débil y discapacitada para motivar a la gente, se puede ver que el poder y la unción provienen del Espíritu Santo.

"Lo débil de Dios es más fuerte que los hombres" (I Corintios 1:25). Busque Su Presencia y encuentre su asignación dada por Dios, y no subestime lo que Dios hará a través de usted para Su gloria.

El propósito de Dios es que caminemos en la unción

La unción es más que un simple sentimiento de la Presencia de Dios. Es la Presencia manifiesta de Dios, guiándonos con Su sabiduría y dirección. Caminar y vivir en la unción, no debe ser una experiencia ocasional sino una forma de vida. Todo lo que no es inspirado por el Espíritu de Dios es simplemente una obra de la carne.

No hay atajos para un ministerio ungido victorioso y fructífero. El Cantar de los Cantares nos dice el propósito de la unción: El Esposo llama a Su Esposa y le dice: "¡Cuánto mejor que el vino es tu amor, y el olor de tus perfumes que todas las especias!" Hay algo acerca de la unción fragante que proviene de las oraciones: la alabanza y la adoración que atrae e intriga a Dios.

Podemos ver los cielos abrirse de par en par, si usamos la unción para impresionar a Dios y no al hombre.

Imagínese, Ester pasó seis meses sumergiéndose en el aceite de mirra, y seis meses más sumergiéndose en otros aromas dulces añadidos para purificarla y prepararla para una noche con el rey. La Biblia dice: "Y el rey amó a Ester más que a todas las mujeres, y alcanzó gracia y favor delante de él más que todas las vírgenes; de modo que puso la corona real sobre su cabeza y la hizo reina ... "

Ester también "obtuvo gracia ante los ojos de todos los que la miraban". Dondequiera que caminaba, dejaba una fragancia del precioso olor a incienso. Sin embargo, no perdió el tiempo para ganarse la aprobación de los hombres, estaba buscando la aprobación del propio rey. ¿Ha hecho eso la iglesia, o hemos prostituido esa fragancia especial de la unción para ganar la aprobación del hombre?

Si usted es un predicador, pastor, maestro, líder de adoración o tiene cualquier otro liderazgo en la iglesia, no desperdicie la unción de Dios buscando la aprobación del hombre.

Tal vez si está corriendo tras la aprobación del hombre, se esté comprometiendo. Pornografía espiritual... ¡comprometiendo la preciosa unción de Dios! La gente se ha acostumbrado a usar la unción de Dios para ganar la aprobación de la corte del Rey, en lugar del Rey mismo.

En los días de Moisés, la unción estaba reservada para las cosas de Dios y santificaba o apartaba la carne. Ungir cualquier otra cosa era pecado. Hemos visto muchas veces a personas derrochar la unción en carne no santificada e impenitente, para ganar la aprobación del hombre. Cuando nos contemplamos demasiado, simplemente olemos bien, sin pagar el precio de la fragancia; estamos prostituyendo la unción. La fea verdad es que la Iglesia prefiere disfrutar de la emoción de la unción que fluye de otra persona, que pagar el precio y perseguirla por su cuenta. Hombre o mujer de Dios, le animo a que quite la vista de cuán grande o poderoso será su ministerio. Mantenga sus ojos en el Señor y construya la relación más íntima y cercana con Él. Dios le llevará a donde Él quiere que usted esté, y le dará el ministerio que Él ha diseñado. En cada paso del camino, no olvide: "Todo se trata de Él".

"Fiel es el que os ha llamado, el cual también lo hará". (I Tesalonicenses 5:24). Aunque Dios me ha capacitado para recibir un Doctorado en Teología, creo que las experiencias por las que he pasado en más

de 50 años de ministerio, me han enseñado más de lo que un libro de texto podría enseñarme. Es posible que cuando salí de la Escuela, haya tenido la cabeza llena de conocimiento, pero la unción no vino a través de esos libros, vino a través de las pruebas y tribulaciones que he soportado. ¿Cómo podría ayudar o ministrar a otros si pasara por alto todas las lecciones y simplemente saltara a hablar sobre la perfección? No habría lecciones que enseñar, si no fueran producto de pruebas y tribulaciones girando en el torno del alfarero. Si no fuera por el traspaso y la crucifixión de la Palabra de Dios en mi vida, no tendría el poder de Su Precioso Espíritu Santo capacitándome para vivir una vida de vencedor, y ministrar bajo la unción. Cuando las cosas se pusieron difíciles, mi mentora me recordó que Dios estaba haciendo algo hermoso con mi vida.

LA RUECA DEL ALFARERO

Como el Alfarero, Él nos moldea; luego nos pone en el fuego para que seamos endurecidos y útiles. Cuando el alfarero saca la vasija, después de un rato, la golpea escuchando el sonido que produce. Escucha un cierto sonido. Si el sonido es frío y duro, lo vuelve a poner en el fuego. Repite este proceso hasta que escucha el hermoso sonido de timbre. S>lo cuando tiene ese hermoso sonido, y canta en el fuego, está listo para ser usado para la gloria de Dios. A lo largo de mi ministerio, tuve que recordarme a mí mismo que debía "cantar en el fuego".

También debo decirles que no hay un día de graduación de este proceso de poda y perfeccionamiento de Dios. Sin embargo, puedo ver cómo cada oportunidad que Dios me dio, tenía un doble propósito: Me correspondía ministrar a la gente en cualquier capacidad, y Él también usaba esa posición para enseñarme muchas lecciones nuevas, tejiendo nuevos hilos en mi perfil ministerial, definiendo las características de mi ministerio en el futuro.

En el 1978 estaba ministrando en Santo Domingo, RD, y me enfermé de muerte debido al agua que tomé. Perdí 30 libras, pero continué predicando, porque

Dios dijo que no me rindiera, para ver Su nombre grandemente glorificado. Una noche, mi traductor me dijo que tenía que dejarme abruptamente. Me quedé en medio de una cruzada sin traductor. El inglés era el único idioma que hablaba. Oré y Dios me dijo, "al que cree que todo es posible". Esa noche Dios me dio la habilidad de hablar en español y entregar mi mensaje. El Señor me dijo "usa lo que te doy y te daré más". A lo largo de los años, mi vocabulario ha aumentado. Si no hubiera soportado la prueba y si hubiera dejado el país y me hubiera ido a casa, no habría visto este gran milagro que cambió el curso de mi ministerio.

Ahora entiendo el porqué Dios no me liberó para dejar el país cuando estaba tan enferma. Tenía un propósito que cumplir. Después de la tormenta, hubo un hermoso arco iris en forma de milagro de Dios. Sabía que tenía que seguir adelante a pesar de lo que estaba pasando. Cuando recuerdo la perseverancia durante estos tiempos difíciles, siempre trae dulzura... ¡la gloria de Dios tiene un costo! Sin embargo, se nos recuerda lo que dice la Escritura sobre el sufrimiento, y nos da esperanza, *"Porque creo que los sufrimientos de este tiempo presente no son dignos de ser comparados con la gloria que será revelada en nosotros"* (Romanos 8:18).

"Para que la prueba de vuestra fe, mucho más preciosa que el oro que perece, aunque sea refinado con fuego, sea hallada para alabanza, honra y gloria en la aparición de Jesucristo". (I Pedro 1: 7)

EL ESPÍRITU LE CONDUCE A PRUEBAS

Note el lugar al que primeramente Jesús fue llevado después de que fue lleno del Espíritu. La Biblia registra que Jesús fue llevado por el Espíritu **al desierto** para ser tentado por el diablo. (Ver Mateo 4:1) Puede que no le guste este tipo de dirección, pero también podría enfrentar el hecho de que cuando está lleno del Espíritu, y le permite a Él que lo guíe, el primer lugar al que generalmente lo guiará es ¡en problemas! Así es como el Señor nos entrena para usar Su unción para superar las dificultades.

Jesús ayunó en el desierto durante 40 días y 40 noches, y el enemigo supo que tenía hambre. Cuando tenga hambre, puede comer cualquier cosa para saciarse, incluso algo que tenga consecuencias eternas. ¿Recuerda la historia de los hermanos Jacob y Esaú? Un hermano vendió toda su primogenitura al otro, por una sola comida. Debemos tener cuidado de no ceder nuestros derechos espirituales para saciar nuestros apetitos físicos. Necesitamos la unción para resistir este tipo de tentación.

Jesús siguió al Espíritu en obediencia. Satanás sabía que si podía hacer que Jesús usara incorrectamente su unción para satisfacer sus propias necesidades, para servir a su propia carne, entonces podría llevarlo cautivo. Jesús no se rindió. Incluso en un momento de extrema hambre y debilidad física, caminó en la unción. Rechazó las mentiras y la manipulación del diablo, y salió victorioso de esta prueba, y más fuerte que antes.

Es importante notar que cuando terminaron estas pruebas, el diablo dejó a Jesús por un tiempo. Precisamos entender ésto, cuando se habla de caminar en la unción. Tener la unción no exime a las personas de ataques y pruebas. De hecho, cuanto mayor sea la unción, mayores pruebas tendrá. Debo admitir que todas las pruebas y ataques, me han permitido fluir en la unción a un nivel más alto que si no hubiera sido probada.

El sufrimiento también me ha enseñado a amar a las personas que no me aman, ni siquiera a "las Jezabel" y los traidores. Dios me ha dado algo mucho más grande de lo que podría lograr a través de mi propia venganza y falta de perdón... Después de una prueba, siempre he regresado al púlpito con una mayor unción que antes, y le doy la gloria por las grandes cosas que ha hecho en mi vida.

¿QUÉ DESPUÉS DE LA PRUEBA?

"Entonces Jesús volvió en el poder del Espíritu a Galilea" (Lucas 4:14)'. Jesús comenzó a enseñar en las Sinagogas, con la aceptación de todos los que lo escuchaban. Tenía un nuevo reconocimiento, autoridad y poder. ¿Qué hizo con su unción? Siguió la dirección del Espíritu y fue a Nazaret, donde se había criado. Fue a la sinagoga, **"como era su costumbre"** (Lucas 4:16). Existe un nivel de crecimiento y madurez que sólo puede provenir de la interacción corporativa. Necesitamos valorar lo que otros han pasado y lo que han aprendido. Nosotros también debemos compartir lo que el Espíritu nos está enseñando, para que nuestro discernimiento y sabiduría puedan crecer.

Pertenezco a una iglesia local y amo, respeto y verdaderamente admiro a mi Pastor, el Rev. Joissim y su hija Pastora Joada. Estoy bajo su cobertura y me siento segura. Ellos apoyan mi ministerio misionero y mi ministerio itinerante. La iglesia es mi familia, y si no estoy en el camino ministrando, estoy en mi iglesia recibiendo el sabio consejo y la predicación de mi pastor. Cuando viajo para hablar en otro lugar, voy con su bendición y apoyo. Naturalmente, si usted tiene un ministerio y no puede estar en su iglesia local regularmente como miembro, aún así debe tener un pastor, mentor y padre para guiarlo, ayudarlo y bendecirlo. El rey David cantó que se alegraba de entrar en la casa del Señor. (Ver Salmo 122:1) Cuando tiene la unción de Dios en su vida, usted se alegra (súper) naturalmente, atraída por las cosas y el pueblo de Dios. La unción no es barata ni aislada. Hay que pagar un precio por la unción.

VERDADERA UNCIÓN
¿ES CONTAGIOSA SU UNCIÓN?

Cuando tenga la unción de Dios sobre usted y permita que fluya libremente en su vida, se volverás contagiosa, y cualquiera que se acerque a usted, de alguna manera se verá afectado por la unción. ¿Cuántas personas han sido afectadas por la unción que está sobre su vida? No estoy preguntando a cuántas personas les ha gritado. La unción afecta. La unción es contagiosa. La unción debe manifestarse en su vida sin que tenga que decir mucho. Las personas deben sentir la Presencia de Dios en su vida.

Puede hablar de ello todo lo que quiera, pero la evidencia está en lo que transfiere a los demás. Uno puede tener ideas tremendas, pero sin la unción son inútiles e impotentes. Si su ministerio y su vida son ungidos, producirán frutos. Las grandes ideas y ambiciones sin la unción son infructuosas. La Biblia llama a esto "perseguir el viento" (Eclesiastés 4:4). Desafortunadamente, muchas personas son así.

La unción debe respetarse y no darse por sentada. Algunos ministerios declaran que tienen la unción, pero después de ministrar, todo lo que se ve, es un rastro de humo, no de fuego. Se puede saber si una persona tiene una unción genuina, al observar sus vidas. Una persona genuinamente ungida es estable. Algunos tienen mucho carisma y sus vidas son inestables, lo que indica que su unción puede, de hecho, ser un espíritu hechizante, un espíritu de comercialización o un espíritu tramposo. Si deja que la verdadera unción le madure, le hará discernir.

Cuando Jesús declaró que el Espíritu de Dios había descendido sobre Él, también declaró las cinco cosas que el Espíritu le había encomendado hacer (Véase Lucas 4:18).

1. Predicar el Evangelio a los pobres.
2. Sanar a los quebrantados de corazón.
3. Proclamar libertad a los cautivos y recuperación de la vista a los ciegos.
4. Poner en libertad a los oprimidos.
5. Proclamar el año agradable del Señor.

Cuando le pide al Señor que unja su ministerio, está pidiendo algo grande. Pero el Señor no está interesado en dar la unción a un siervo desganado y perezoso que no invierte la unción en hacer las cosas de Dios. *"Entonces llegando el que había recibido un talento, dijo: Señor, te conocía que eres hombre duro, que siegas donde no sembraste y recoges donde no esparciste. Y tuve miedo, y fui y escondí tu Talento en la tierra: he aquí que tienes lo tuyo. Respondió su señor y le dijo: Siervo malo y negligente, sabías que siego donde no sembré y recojo donde no esparcí; por tanto, deberías haber dado mi dinero a los cambistas, y luego, al venir yo, debería haber recibido lo mío con usura. Quitadle, pues, el talento y dáselo al que tiene diez talentos, el cual no invierte la unción en hacer las cosas de Dios"* (Mateo 25: 24-28).

Si desea la unción permanente de Dios sobre su vida y ministerio, asegúrese de que su nombramiento proviene de Dios, busque convertirse en un siervo bueno y fiel, y use los dones que Él le da, para Su gloria en Su reino... *"Porque a todo el que tiene, se le dará y le sobrará; pero al que no tiene, aun lo que tiene se le quitará".* (Mateo 25:29)

No tenga miedo de la crisis, tendrá muchas en el ministerio, y recuerde que Dios usa esa prueba para enseñarle, entrenarle, desarrollar su carácter y hacerle apto para Su unción. No va a poner un diamante en un engaste barato. El desierto es el salón de clases de Dios para que usted reciba la unción de Diamante.

CAPÍTULO 6
SER UN LÍDER DE SERVICIO

El liderazgo es un privilegio y un llamamiento elevado y santo, pero también es una aventura. El liderazgo puede ser peligroso. Como líder, puede mover hombres, mujeres y montañas para un bien tremendo. Por otro lado, un líder tiene poder en sus manos, por ello, los errores que comete hace un daño irrecuperable a nuestros seguidores.

"Y busqué entre ellos hombre que hiciese vallado y que se pusiese en la brecha delante de mí, a favor de la tierra, para que yo no la destruyese; y no lo hallé" (Ezequiel 22:30 RVR60).

Hay escasez de liderazgo excelente. Los buenos líderes parecen ser un bien escaso. Los líderes de los ministerios cristianos tienden a ser espiritualmente calificados, pero a menudo organizadores analfabetos.

La verdad del asunto es que el liderazgo requiere tanto el corazón como la cabeza.

He aprendido principalmente de mis propios errores; además, de libros y conferencias y educación universitaria. La tutoría y el ejemplo de grandes líderes también han marcado una gran diferencia en lo que soy. Desafortunadamente, hay escasez de grandes mentores y modelos. A pesar de que la unción del Espíritu Santo es lo más importante, sin embargo, el Espíritu Santo necesita algo para ungir. Alguien dijo una vez: "Un líder lleva a las personas adonde nunca irían por su cuenta".

RASGOS DE UN SERVIDOR LÍDER
1. Reconoce y elogia a sus trabajadores
2. Pasa tiempo con sus líderes
3. Recompensa a los trabajadores por "más allá de sus esfuerzos".
4. Utiliza el modelo de liderazgo de Cristo.

5. No actúa como que fuese superior al resto de sus líderes.
6. Deja a un lado sus propias prioridades para ayudar a otros.
7. Atiende con prioridad su Ministerio, antes del papeleo
8. Está dispuesto a "ensuciarse con las tropas".
9. Nunc tiene autoridad abusiva, sino que es un servidor de todos.
10. Es un buen oyente, hace espacio para las personas.
11. No es egocéntrico, empodera a los demás.
12. Da a la gente espacio para que sean ellos mismos.

Es posible que muchos no lo admitan, pero sus horarios, fechas límite y papeleo son una barrera entre ellos y la oportunidad de acercarse y ministrar a las personas de una manera que podría transformar sus vidas. Un buen ejemplo es la fecha límite para enviar mi manuscrito de este libro a mi editor. Mientras trataba de pasar la mayor cantidad de horas posible en mi computadora escribiendo durante horas y horas, tuve dos emergencias que requirieron mi toque personal y de mi ministerio. Si detenía mi trabajo y ministraba a estas personas heridas, significaría que mi libro sería entregado 2 o 3 días más tarde de lo esperado. Tenía que tomar una decisión. Decidí dejar momentáneamente mi escritorio, desconectar mi mente de mi libro, y ministrar a los necesitados. Sabía que eso agradaría al Señor, en lugar de ignorar la necesidad y terminar el libro a tiempo.

Tengo la bendición de contar con un publicador piadoso que respaldó mi decisión, e incluso oró por las personas a las que necesitaba ministrar y que estaban luchando contra enfermedades mortales. Siempre es la elección correcta obedecer a Dios, incluso si no encaja en su horario.

El liderazgo como Cristo trata de influir en las personas de una manera personal. Pablo, el Apóstol, fue un ejemplo de contacto personal para influir en otros. Esa era su gran pasión por ver a la gente cambiar.

"A quien predicamos, amonestando a todo hombre y enseñando a todo hombre con toda

*sabiduría; para que presentemos a todo hombre perfecto en Cristo Jesús: Para lo cual también trabajo, esforzándome según su obra, la cual obra poderosamente en mí". (*Colosenses 1: 28-29)

De hecho, este modelo de ministerio transformacional se ve en todo el Nuevo Testamento. Bernabé guió a Pablo a un lugar de utilidad donde fue utilizado poderosamente. Pablo fue el mentor de Timoteo para que se hiciera cargo de su trabajo. Hubo una relación muy especial entre Pablo y Timoteo.

"Pero tú has conocido plenamente mi doctrina, modo de vida, propósito, fe, paciencia, caridad, paciencia, persecuciones, aflicciones que me sobrevinieron en Antioquía, en Iconio, en Listra; qué persecuciones sufrí, pero de todas ellas me libró el Señor" (II Timoteo 3: 10-11).

La guía y el ejemplo de liderazgo del Nuevo Testamento alimentan y orientan. Pablo definitivamente hizo tiempo para la gente.

Recuerde que su objetivo es preparar al pueblo de Dios para las obras de servicio. *"Para perfeccionamiento de los santos, para la obra del ministerio, para la edificación del cuerpo de Cristo"* (Efesios 4:12).

LIDERAZGO DE SIERVO DE AQUEL QUE NOS MUESTRÓ EL CAMINO: JESUCRISTO

La noche en que fue traicionado, Jesús les mostró a sus seguidores cuánto los amaba, y les dio el máximo ejemplo de liderazgo. Leemos en Juan Capítulo 13, versículo 1, **"que Jesús sabía que había llegado el momento de dejar este mundo e ir al Padre".** Jesús mostró ahora a sus discípulos el alcance total de su amor.

Este fue el mejor ejemplo de liderazgo de servicio: Lavó los pies de sus discípulos. Jesucristo, el Hijo de Dios, el Salvador del mundo, Rey de reyes, que tenía todo el derecho a ser un dictador, demostró liderazgo de servicio: se quitó la túnica, tomó una toalla y lavó los pies a los discípulos. El que era el mayor de todos se convirtió en servidor de todos.

Jesús les dice: *"Les he dado un ejemplo de que deben hacer lo que yo he hecho por ustedes. De cierto, de cierto os digo, ningún siervo es mayor que su señor, ni mensajero es mayor que el que lo envió. Ahora que sabes estas cosas, serás bendecido si las haces"*. (Juan 13: 15-17)

TERMINE BIEN SU CARRERA

Mantener la humildad es muy importante en la forma en que termina su carrera, ministerio o asignación. Desafortunadamente, muchos ministros no saben cuándo terminar. Se ven a sí mismos flaqueando muchas veces debido a la edad, o a la fragilidad de la carne que ahora inhibe su capacidad para funcionar bien. He visto casos de personas mayores que apenas se sostienen, pero no terminan por delegar responsabilidades a sus discípulos...

Para terminar bien, no debemos pensar que somos indispensables. Debemos formar líderes que puedan entregar fácilmente el rol que estamos cumpliendo. Para satisfacer adecuadamente las necesidades de su ministerio, debe transferir la jefatura a aquellos a quienes ha discipulado o capacitado.

Moisés y Josué son ejemplos de una transferencia exitosa de liderazgo cuando se pasó el manto (Deuteronomio 34). Moisés tuvo que lidiar con el hecho de que Josué tendría mayor éxito y conduciría al pueblo a la tierra donde Moisés había planeado durante 40 años llevar a las personas. Lo manejó con gracia y dignidad piadosas. La madurez del liderazgo se ejemplificó cuando Moisés colocó sus manos sobre Josué y oró para que Dios lo bendijera.

En el siglo I, los romanos celebraron tanto los Juegos Olímpicos como los Juegos Istmicos. Los competidores pasarían hasta diez meses en un arduo entrenamiento físico. Debido a que los corintios estaban muy familiarizados con estos eventos, Pablo usó los juegos como una analogía para la vida de fidelidad de un creyente. Él escribió a la iglesia en Corinto diciendo: *"¿No sabéis que los que corren en una carrera, todos corren, pero uno recibe el premio? Así que corre, para que lo obtengas. Y todo hombre que lucha por el dominio es templado en todas las cosas. Ahora lo hacen para obtener una corona corruptible; pero nosotros somos incorruptibles"* (I Corintios 9: 24-25). La exhortación de Pablo es que los creyentes deben estar tan concentrados y dedicados como los antiguos corredores de los juegos. Nuestra motivación para servir a Cristo es mucho mayor... "corremos" no por una corona temporal, sino por una eterna.

En el libro de los Hechos, Pablo dice estas poderosas palabras: *"Pero ninguna de estas cosas me conmueve, ni cuento mi vida como querida para mí, para poder terminar con gozo mi carrera y el ministerio que he recibido del Señor Jesús, para dar testimonio del evangelio de la gracia de Dios"* (Hechos 20:24).

Entonces, al declarar "he terminado la carrera", Pablo le está diciendo a Timoteo, que había puesto todo su esfuerzo en la obra de proclamar a todos el evangelio de salvación. Había completado la misión que tenía ante sí; no había dejado nada sin hacer. Estaba listo para cruzar la línea de meta hacia el cielo.

En una carrera, solo gana un corredor. Sin embargo, en la "carrera" cristiana, todo el que paga el precio de un entrenamiento vigilante por la causa de Cristo, puede ganar. No estamos compitiendo unos contra otros, como en los juegos atléticos, sino contra las huestes físicas y espirituales que se interponen en el camino para alcanzar el premio (Filipenses 3:14).

Cada creyente corre su propia carrera (I Corintios 9:24)). Cada uno de nosotros está capacitado para ser un ganador. Pablo nos exhorta a "correr de tal manera que obtengamos el premio", y para hacer esto, debemos dejar a un lado todo lo que pueda impedirnos vivir y enseñar el evangelio de Cristo.

El escritor de Hebreos se hace eco de las palabras de Pablo: *"Por eso, nosotros, teniendo a nuestro alrededor tantas personas que han demostrado su fe, dejemos a un lado todo lo que nos estorba y el pecado que nos enreda, y corramos con fortaleza la carrera que tenemos por delante. ²Fijemos nuestra mirada en Jesús, pues de él procede nuestra fe y él es quien la perfecciona. Jesús soportó la cruz, sin hacer caso de lo vergonzoso de esa muerte, porque sabía que después del sufrimiento tendría gozo y alegría; y se sentó a la derecha del trono de Dios"* (Hebreos 12: 1-2)

Que seamos diligentes en nuestra "carrera", que mantengamos nuestros ojos en la meta y que, como Pablo, terminemos fuertes.

CAPÍTULO 7
SEA UN "INICIADOR DE FUEGO"

¿Alguna vez te has preguntado qué pasó con el poder de Dios?

¿Cómo pueden los pentecostales o carismáticos caer, levantarse, hablar en lenguas, hacer una guerra espiritual, pero no alcanzar un impacto apreciable en sus comunidades? Tal vez sea porque a la iglesia le falta el "fuego" de Pentecostés, y el Espíritu Santo se ha alejado de nuestros servicios, a pesar de que hay muchos gritos y música fuerte. Hemos cambiado el altar del arrepentimiento por un escenario de actuación donde los músicos hacen alarde de sus talentos, en lugar de invitar al Espíritu Santo a tomar el control.

Se ha prestado demasiada atención al hombre, y su habilidad para que sepamos cómo tener un programa pulido, sin la Presencia o el poder de Dios. Gran parte de la predicación desde los púlpitos estadounidenses está llena de consejos sobre "Cómo tener una vida mejor y cómo tener éxito". Muy poca predicación levanta a Jesucristo, llama a evitar el pecado y lleva a la gente al altar en arrepentimiento.

Los servicios son demasiado apresurados, por lo que no hay tiempo para quedarse en el altar. Recuerdo que después de ser salvo, me quedé en el altar un domingo por la noche y recibí el bautismo del Espíritu Santo. Esa es otra bendición que falta en la iglesia... muy pocos bautismos en el Espíritu Santo.

Leonard Ravenhill afirma: Quizás la ofensa del verdadero avivamiento es:

No se puede organizar.
(El viento sopla donde quiere.)

No se puede subvencionar.
(No necesita respaldo financiero).

No se puede publicitar.
(No hay nada más publicitario que un fuego, y el avivamiento es fuego del cielo).

No se puede computarizar.
(Solo Dios conoce el alcance de Su poder).

No puedo regularizarme.
(No podemos trazar un camino teológico para que lo opere).

No se puede racionalizar.
(Es un misterio divino más allá de las mentes finitas).

No se puede denominar.
(Salta las barreras doctrinales).

No se puede nacionalizar.
(Cientos de predicadores han ido a Corea para ver lo que Dios ha hecho en ese país. La mayoría se ha quedado sin aliento ante las iglesias abarrotadas y ha

regresado triste de que nuestros servicios mecánicos sean tan estériles).

Una cosa es estar interesado en el avivamiento y otra es estar desconsolado y profundamente agobiado por ver que suceda. Pero la verdad del asunto es que el avivamiento no es una opción.

¿Quiere avivamiento en su ministerio? Confío en que no estará satisfecho con el statu quo. ¿Quiere ver señales y prodigios y milagros? Entonces debes estar dispuesto a escuchar la verdad y enfrentar la realidad de la condición de la iglesia.

Hombre o mujer de Dios, le desafío a que sea un iniciador de fuego. Pero primero tendrá que tener tanta hambre de la Presencia de Dios, que deberá decidir que no ministrará sin ella.

Gracias a Dios, hay un hambre cada vez mayor entre el pueblo de Dios por más. La gente está empezando a reconocer que necesitamos un derramamiento del

Espíritu Santo. Amigo, tome la decisión de que no se va a conformar con un ministerio mediocre, desprovisto del poder y la Presencia de Dios. Hay un precio que pagar, como aprendió en los capítulos anteriores de este libro.

Lea el libro de los Hechos. Después de que Dios derramó Su Espíritu, tres mil judíos fueron salvos cuando Pedro predicó su primer sermón. Hubo milagros, señales y prodigios, y Jerusalén se puso patas arriba.

Usted debe estar listo para predicar contra el pecado y no tolerarlo. No ajuste su ministerio al molde que el hombre o la religión han creado para usted, vaya más allá de todos los límites que la habilidad humana le impone, y decida vivir en Su Presencia, e impartir hambre, y operar en lo sobrenatural donde quiera que vaya, o si es Pastor en su iglesia local. Dígales... "Hay más y voy a buscarlo". Su hambre será contagiosa y se dará cuenta de que usted es un "iniciador de incendios

El Dr. R. A. Torrey declaró: "Tengo una teoría... que no hay iglesia, capilla o misión en la tierra donde no se pueda tener un avivamiento, siempre que haya un pequeño núcleo de personas fieles que se aferrarán a Dios hasta que Él baje. Primero, dejemos que unos pocos cristianos, no es necesario que haya muchos, se pongan completamente bien con Dios. Este es el principal elemento esencial. Si esto no se hace, el resto, lamento decirlo, no se puede hacer y no será nada. En segundo lugar, que se unan para orar por un avivamiento hasta que Dios abra los cielos y descienda. Tercero, que se pongan a disposición de Dios para usarlos como él crea conveniente para ganar a otros para Cristo. Eso es todo. Esto seguramente traerá avivamiento en cualquier iglesia o comunidad. He dado esta receta en todo el mundo. Ha sido tomada por muchas iglesias y muchas comunidades, y en ningún caso ha fallado y no puede fallar".

En Isaías capítulo 64 leemos cómo el pueblo de Dios fue llevado al cautiverio, que es una imagen de nuestra iglesia moderna y su salud. Su obra estaba en mal estado y su pueblo estaba oprimido y desesperado, al igual que los creyentes de hoy. La Iglesia ha sido llevada al cautiverio por el mundo, arrullada en la apatía por la carne y el diablo. Los creyentes están en modo de pánico mientras viven con las noticias que llegan a sus salas de estar todas las noches. Muchos no tienen esperanza de avivamiento. Necesitamos convicción que nos lleve al arrepentimiento por nuestros caminos mundanos, y nuestra incredulidad en la posibilidad de un nuevo derramamiento del Espíritu Santo.

En 1997, en el avivamiento de Brownsville, Dios cambió totalmente mi ministerio cuando me dio un nuevo encuentro con Su Espíritu Santo, y un amor por Su Presencia. Cuando volví a mi ministerio, las cosas cambiaron. Mi predicación era diferente y estaban sucediendo cosas que no sucedían antes. Toda la gloria sea para Dios. Primero tuve que cambiar yo. Dios limpió mi vida de cualquier cosa que pudiera obstaculizar el mover de Su Espíritu en mi vida. Desde entonces, he visto dos avivamientos en toda regla, el más grande en Guatemala, donde estoy trabajando ahora. Dondequiera que voy a predicar, le pido a Dios que me use para impartir hambre por Su Presencia, y vemos gente corriendo hacia el altar y pidiendo ser saciada de nuevo. TODA LA GLORIA VA PARA DIOS.

Quiero animarle ministro o líder; lo mismo puede suceder en su vida y ministerio; Dios no hace acepción de personas. Que Dios derrame Su Presencia en su vida, de una manera nueva y fresca, que le lleve a ser un iniciador de fuego, y le lleve a tener una vida y un ministerio que nunca pensó que fuera posible.

"Un verdadero avivamiento significa nada menos que una revolución, expulsando el espíritu de mundanalidad y egoísmo, y haciendo que Dios y su amor triunfen en tu corazón y en tu vida".

Andrew Murray

ACERCA DE MI ASOCIADA

Rev. Lois W. Dietrich

Lois has been Associate working with Holly Noe ministries for 33 years. She is a licensed Minister with the Assemblies of God. She had a very successful career as an elementary school teacher receiving Teacher of the Year listed in Americas Best Teachers. She received a BS degree at Cedar Crest College. Lois is main intercessor and personal assistant for Rev. Holly. Her sweet, affectionate, caring personality and God's anointing are evidenced through her life and the compassionate way she ministers to people personally. She is loved and admired by all. She was recently notified by Grace Christian College and Theological Seminary, Loris, SC they will be awarding her an honorary Doctorate after evaluating her work and faithfulness to the ministry and is still `active at 87 years of age.

Lois ha sido Asociada trabajando con los ministerios de Holly Noe durante 33 años. Ella es una ministra autorizada de las Asambleas de Dios. Tuvo una carrera muy exitosa como maestra de escuela primaria y recibió como Maestra del Año en la lista de Mejores Maestros de las Américas. Recibió una licenciatura en Cedar Crest College. Lois es la intercesora principal y asistente personal del Rev. Holly. Su personalidad dulce, cariñosa y afectuosa y la unción de Dios se evidencian a través de su vida y la forma compasiva en que ministra a las personas. Ella es amada y admirada por todos. Recientemente fue notificada por Grace Christian College and Theological Seminary, Loris, SC que le otorgarán un "Doctorado Honoris Causa", después de evaluar su trabajo y fidelidad al ministerio, y todavía está activa a los 87 años de edad.

INFORMACIÓN ACERCA DE LOS MINISTERIOS DE HOLLY NOE

Dr. Holly L. Noe está disponible para los siguientes tipos de ministerios:
1. Cruzadas de Fuego y Gloria
2. Servicios de misiones especiales

INFORMACIÓN DE CONTACTO
Telf. Celular 732-239-3656
Sitio web: www.fanningtheflame.org
Facebook.com
Ministerios Holly Noe, o Dr. Holly Noe

ACERCA DE LA AUTORA

La Rev. Dr. Holly L. Noe es fundadora y presidenta de "Holly Noe Ministries"; tiene un doctorado en Teología, y es una ministra ordenada de las Asambleas de Dios.

Durante 51 años ha viajado por los Estados Unidos y otros 15 países predicando y enseñando la Palabra de Dios. En los últimos 20 años ha estado avivando la llama del avivamiento, después de un nuevo encuentro con el Espíritu Santo. Su visión es provocar hambre por la Presencia de Dios, y avivamiento que despierte a la Iglesia de su letargo.

Siente un vivo deseo porque la Iglesia experimente la Presencia Manifiesta de Dios. Ella ha estado haciendo trabajo misionero en Guatemala durante 25 años, realizando cruzadas, ministrando a viudas, y a pobres proporcionando alimentos, construyendo iglesias y una escuela primaria.

Su proyecto actual es la construcción de un Centro de Avivamiento de 2500 asientos donde, después de realizar una cruzada, el fuego de Dios produjo un crecimiento fenomenal y una pasión renovada por la Presencia de Dios. Este libro, "Los Desafíos De Los Llamados" es su tercer libro. Su primer libro es su autobiografía titulada "Una vida de milagros", y el segundo bajo el titulo "En su presencia, lo tenemos todo", expone los principios de vivir en la presencia de Dios.

"Making your book dream come true
without robbing you!"
www.deeperlifepress.com
www.findrefuge.tv

Made in the USA
Middletown, DE
18 September 2022

10701634R00155